Martin Haeusler
Die Hexen und das Licht der Vernunft

AF282241

Martin Haeusler

Die Hexen
und das
Licht der Vernunft

Kritik am Hexenwahn im 16. Jahrhundert

Bibliografische Information der Deutschen Nationalbibliothek:
Die Deutsche Nationalbibliothek verzeichnet diese Publikation
in der deutschen Nationalbibliografie; detaillierte bibliografische
Daten sind im Internet über http://dnb.dnb.de abrufbar

Herstellung und Verlag: BoD - Books on Demand
Norderstedt

ISBN: 9783756274208

.

Inhalt

1.

Vorbemerkungen

Im Mittelalter sind von der katholischen Inquisition Millionen Frauen als Hexen verbrannt worden. Diese und ähnliche Behauptungen kann man immer wieder hören, obwohl an dem Satz so gut wie alles schief, wenn nicht falsch ist. Dazu einleitend vier Bemerkungen:

Erstens halten die teils abenteuerlichen Opferzahlen – manche sprechen gar von neun Millionen – einer wissenschaftlichen Überprüfung nicht stand.[1] Tatsächlich dürfte die richtige Zahl eher bei 60.000 als bei 100.000 Opfern liegen, wobei bemerkenswerterweise etwa die Hälfte davon auf Deutschland und die Schweiz entfallen.[2]

Zweitens sind nicht nur Frauen angeklagt und hingerichtet worden. Neuere sorgfältige Auswertungen der erhalten Akten haben gezeigt, dass jeder vierte Angeklagte männlichen Geschlechts gewesen ist, örtlich sogar ein Drittel.[3] Erstaunli-

---

1   Wolfgang Behringer hat in seinem Aufsatz *Neun Millionen Hexen. Entstehung, Tradition und Kritik eines populären Mythos*, in: *Geschichte in Wissenschaft und Unterricht* 49 (1998), S. 664 – 685 genau aufgezeigt, wie die Zahl neun Millionen in die Welt gesetzt und dann wiederholt worden ist.

2   Nach Wolfgang Behringer, *Hexen. Glaube, Verfolgung, Vermarktung*, München: Beck (4. Auflage) 2005, S. 65f. Tab. 3.

3   Rolf Schulte, *Hexenmeister. Die Verfolgung von Männern im Rahmen der Hexenverfolgung von 1530 – 1730 im Alten Reich* (= Kieler Werkstücke. Reihe G: Beiträge zur Frühen Neuzeit; Bd. 1), 2. erg. Auflage, Frankfurt a. M. (u. a.): Peter Lang 2001, dort S. 50 – 86 die Auswertung von zahlreichen Regionalstudien.

cherweise sind in protestantischen Gegenden prozentual mehr Frauen hingerichtet worden und weniger Männer. Dass Protestanten offenbar mehr auf das weibliche Hexenstereotyp fixiert waren, dazu mag die Übersetzung einer Bibelstelle beigetragen haben, nämlich Ex 22.18.[4]

Damit wären wir beim dritten Punkt. Irrig nämlich ist auch die immer wieder zu findende Auffassung, die katholische Kirche und vor allem die Inquisition habe eine führende Rolle bei der Hexenverfolgung gespielt. Dem ist entgegenzuhalten, dass aus Spanien, dem Kernland der katholischen Inquisition, nur etwa 30 Tötungen von Hexen zu beklagen sind, im katholischen Irland waren es zwei, in Portugal sieben – auch das katholische Italien liegt bei der Zahl der Opfer etwa gleichauf mit dem protestantischen Dänemark, obwohl die Bevölkerungszahl Dänemarks damals nur etwa 7% der Italiens betragen hat.[5]

Man darf eben nicht übersehen, dass sich auch Luther (und Calvin) nicht nur für die Verfolgung von Hexen eingesetzt haben, sondern auch für die Anwendung der Todesstrafe.[6] Wichtig in dem Zusammenhang ist gerade für die stark bibelorientierten Protestanten die eben erwähnte Stelle aus dem Alten

---

4 Ebd. S. 166 u. S. 172.
5 Nach Wolfgang Behringer, *Hexen*, S. 65f. Tab. 3.
6 Luthers Predigt am 6. Mai 1526, in: WA 16, S. 551f. Zu Luther vgl. Peter Dinzelbacher, *Mystische Phänomene zwischen theologischer und medizinischer Deutung*, in: Peter Dinzelbacher (Hg.), *Mystik und Natur. Zur Geschichte ihres Verhältnisses vom Altertum bis zur Gegenwart*, Berlin: de Gruyter 2009, S. 78 und Volker Leppin, Art. *Martin Luther*, in: *Lexikon zur Geschichte der Hexenverfolgung*, hg. v. Gudrun Gersmann, Katrin Moeller und Jürgen-Michael Schmidt, in: historicum.net (https://www.historicum.net/purl/45zs3/ – abgerufen am 08. 12. 2020).

Testament: „DJE Zeuberinnen soltu nicht leben lassen" – so heißt es in Luthers eigener Übersetzung von Ex 22.18.[7] Dass Luther „Zauberinnen" übersetzt, ist erstaunlich, denn im lateinischen Text steht „*maleficos*".

Das Wort bezeichnet im antiken Latein ebenso wie im Latein der Kirchenväter keineswegs Zauberinnen, also Frauen, sondern entweder allgemein Übeltäter oder speziell einen Giftmischer oder Zauberer – auf jeden Fall aber handelt es sich um eine männliche Form. Für den griechischen Text gilt das gleiche: Mit φαρμάκους sind Giftmischer oder Zauberer gemeint, und zwar wiederum Männer. Hat Luther also (bewusst?) falsch übersetzt? So einfach ist die Sache nicht: Sollte Luther auf den hebräischen Text zurückgegriffen haben, so hat er zu Recht „Zauberinnen" übersetzt, allerdings steht im hebräischen Text der Singular, nämlich *mĕkaššēpâ*, die Zauberin. Was mit dem hebräischen Begriff tatsächlich gemeint ist, ist in der Forschung umstritten.[8]

Viertens: Die Verfolgung und Hinrichtung von Menschen als Hexen war keineswegs ein mittelalterliches Phänomen. Wolfgang Behringer fasst den Stand der Forschung folgendermaßen zusammen:

---

7 Lutherbibel 1545.

8 Um eine Berücksichtigung der harten Vorschrift von Ex 22.18 ist natürlich um 1500 niemand vorbei gekommen. Dabei hat man durchaus schon die Unterschiede zwischen den verschiedenen Sprachen erkannt und die Bedeutungen der Begriffe diskutiert. Der gelehrte Humanist und Kleriker Andreas Masius (1514 – 1573), um nur einen zu nennen, der neben Latein und Griechisch auch Hebräisch, Arabisch und Syrisch beherrschte, hat sich ausführlich damit auseinander gesetzt, auf seine Darlegungen stützt sich wiederum Johannes Weyer in *De praestigiis*, Buch 2, Kap. 1, S. 101 ff. – Es würde hier zu weit führen, eine Deutungsgeschichte zu skizzieren.

Der Verfolgungszeitraum lag in seinem Schwerpunkt nicht im „finsteren Mittelalter", sondern in der Neuzeit. Der Höhepunkt der Hexenverfolgungen ereignete sich in den Jahrzehnten zwischen 1560 und 1630, mit absoluten Verfolgungsspitzen in den 80er Jahren des 16. Jahrhunderts und in dem Jahrfünft 1626 – 1630. Während des restlichen 17. Jahrhunderts kam es immer wieder zu Verfolgungswellen. Noch die ganze erste Hälfte des 18. Jahrhunderts blieb die Gefahr von Hexenprozessen in Mittel- und Osteuropa virulent, während sich die ökonomisch und wissenschaftlich fortschrittlichen Länder Westeuropas zwar meist nicht de jure, aber de facto davon verabschiedet hatten.[9]

Dass die Sache mit dem Ende des Mittelalters und dem Siegeszug rationaler Wissenschaft auch in intellektuellen Kreisen keineswegs vorbei war, mag das Beispiel des Johannes Kepler illustrieren. Der wegen seiner bahnbrechenden astronomischen Entdeckungen berühmt gewordene Johannes Kepler (1571 – 1630) hat zwar 1615 – 1621 seine Mutter gegen den Vorwurf der Hexerei vor Gericht verteidigt und letztlich einen Freispruch erwirkt.[10] Daraus darf man aber nicht schließen, der berühmte Astronom habe die Verfolgung von Hexen generell in Frage gestellt. Im Gegenteil: Vielleicht wäre die Verteidigung seiner Mutter missglückt, wäre damals schon sein *Somnium sive astronomia lunaris* der Öffentlichkeit zugänglich gewesen. In diesem eher der fantastischen Literatur zuzurechnenden Werk – geschrieben 1608/9, veröffentlicht posthum 1634[11] – geht er of-

---

9 Wolfgang Behringer, *Hexen*, S. 35; vgl. auch S. 53 und die Tabellen S. 57 u. 61.

10 Zum Prozess vgl. Eberhard Walz, *Die „Hexe von Leonberg". Katharina Kepler und ihr Prozeß*, in: Stadt Leonberg/Stadtarchiv (Hg.), *Nonne, Magd oder Ratsfrau. Frauenleben in Leonberg aus vier Jahrhunderten* (Beiträge zur Stadtgeschichte Nr. 6), 1998, S. 75 – 84.

11 Johannes Kepler, *Somnium sive astronomia lunaris*, Sagan und Frankfurt

fenbar von der Realität des Hexenfluges aus, wenn schreibt, um auf den Mond zu gelangen, seien besonders „ausgemergelte alte Weiber" geeignet, „die sich von jeher darauf verstanden, nächtlicherweile auf Böcken, Gabeln und schäbigen Mänteln reitend, unendliche Räume auf der Erde zu durcheilen"[12].

Eine weitere Stelle im „Traum vom Mond" kann man dahingehend interpretieren, Kepler selbst habe seine Mutter als Kräuter sammelnde Zauberin, die vorgab, mit Mondgeistern in Kontakt zu stehen, bezeichnet. Man muss zwar beachten, dass in dem dort wiedergegebenen Traum nicht von Keplers Mutter die Rede ist, sondern von der Mutter eines fiktiven Isländers. Andererseits liegt die Ähnlichkeit zu Keplers tatsächlicher Mutter nahe, da sie eine Kräuter sammelnde Zauberin war.[13]

So eindeutig, wie man gerne tut, war die Rollenverteilung zwischen den Mächten des Lichtes (die das dunkle Mittelalter besiegten) und den Mächten der Finsternis (den Anhängern einer magisch-irrationalen Weltsicht) nicht.[14]

1634. Digitalisat:: https://www.deutsche-digitale-bibliothek.de/item/VREEWBEKM5JQQ26IUFVF3TL4BNCOQ7GM (abgerufen am 20. 12. 2020).

12 Zitiert nach Ludwig Günther, *Keplers Traum vom Mond*, Leipzig: Teubner 1898, S. 5f.

13 Vgl. Ludwig Günther, *Keplers Traum vom Mond*, S. 3f. Ludwig Günther versucht die Bemerkung Keplers über die durch die Luft fliegenden Frauen damit zu retten, dass er sie als Satire bezeichnet (S. 40f.); die textkritische Übersetzung des Textes von Beatrix Langner, *Johannes Kepler, Der Traum, oder: Mond-Astronomi: Somnium sive astronomia lunaris*, Berlin: Matthes & Seitz 2012 war mir nicht zugänglich.

14 Speziell zu der Frage, wie um 1500 in diesem Zusammenhang argumentiert worden ist: Matteo Duni, *Doubting Witchcraft. Theologicans, Jurists, Inquisitors during the Fifteenth and Sixteenth Centuries*, in: *Studies in Church History* 52 (2016) S. 203 – 231 und ders., *La Caccia alle Streghe e i dubbi di*

Im Folgenden soll versucht werden, genauer darzustellen, wie sich die Diskussion über das Hexenwesen in der Zeit zwischen 1450 und 1600 entwickelt hat, und zwar am Beispiel von bekannten frühen Kritikern der Hexenverfolgung, aber auch am Beispiel von Autoren, die bislang kaum beachtet worden sind.

Selbstverständlich ließen sich weitere Autoren anführen. Doch es wird sich zeigen, dass der Rahmen, in welcher sich die Diskussion abgespielt hat, sich nur wenig verändert hat. Da werden immer wieder die gleichen Stellen aus der Bibel zitiert und die bekannten Lehrmeinungen der großen theologischen Autoritäten wie Augustinus. Daneben stehen Belegstellen aus der nichtchristlichen antiken Literatur und, sehr wichtig, Aussagen aus Hexenprozessen, wobei sich jeder die Aussagen auswählt, die zu seiner Argumentation passen.

Der Schwerpunkt wird also darauf liegen zu zeigen, wie sich die Diskussion in kleinen Schritten langsam weiterbewegt hat, nicht in einem gradlinigen Prozess, sondern eher in Vorwärts-, Rückwärts- und Seitwärts-Schrittchen.

Nicht eingegangen werden kann in diesem Zusammenhang auf die Frage, wie der Hexenprozess durchgeführt werden sollte und welche Regeln dabei zu beachten waren. Auch die vertrackte Diskussion um die Strafbarkeit und das Kompetenzgerangel zwischen kirchlichen und weltlichen Stellen darf man in ihrer Wichtigkeit nicht unterschätzen, dies würde aber den Rahmen dieses Textes sprengen.[15]

---

un giurista: il De lamiis et excellentia utriusque iuris di Giovanfrancesco Ponzinibio (1511), in: *La centralità del dubbio. Fonti classiche e sviluppi dello scetticismo nell'età moderna,* Florenz: Olschki 2011, S. 5f.

15 Dazu Siegfried Leutenbauer, *Hexerei- und Zauberdelikt in der Literatur von*

2.

Zauber, Gegenzauber und die Ausrottung des Bösen: der „Hexenhammer"

Zauberer oder Zauberinnen waren nicht nur im Mittelalter, sondern auch noch im 17. Jahrhundert eine alltägliche Erscheinung. In jedem Ort wohnten eine oder mehrere Personen, die nicht nur mit Kräutern und der so genannten „weißen" Magie zu arbeiten verstanden – oder es jedenfalls behaupteten – sondern durchaus mit allerlei Schadenszauber.[16] Alle Formen der magischen Naturbeeinflussung waren alltäglich und selbstverständlich.

Magie und Zauberei waren aber in der fraglichen Zeit nicht nur im Volksaberglauben allgegenwärtig, sondern durchzogen auch das gelehrte Schrifttum. Schon von daher liegt es auf der Hand, dass Kritiker des Hexenglaubens es schwer hatten, weil sie gegen den Volksglauben und zugleich gegen die große Mehrheit der Intellektuellen kämpfen mussten.

Um nur ein Beispiel aus dem Bereich der Medizin zu nennen: Im 13. Jahrhundert befand sich in der Bibliothek der Benediktinerabtei St. Augustin in Canterbury eine umfangreiche

---

1450 – 1550, Berlin: Schweitzer 1972.

16 Man kann sich die Bedeutung von Magie und Hexerei im Mittelalter vielleicht besser vorstellen, wenn man sie mit den heutigen Zuständen in Teilen Afrikas vergleicht. Dazu sehr instruktiv: Éric de Rosny, *Die Augen meiner Ziege. Auf den Spuren afrikanischer Hexer und Heiler*, Wuppertal: Hammer 1999.

Handschrift, die unter anderem den *Liber medicinalis* des spätantiken Medizingelehrten Quintus Serenus enthält.[17] Das von Karl dem Großen bis ins 17. Jahrhundert geschätzte Werk — verfasst in eleganten Hexametern — enthält Ratschläge zur Behandlung der Malaria.

Als vorbeugenden Schutz empfiehlt Quintus Serenus ein Amulett mit der Zauberformel „Abracadabra", und zwar im so genannten Schwindeschema. Und weil sich die Beschreibung vielleicht nicht jeder vorstellen konnte, hat der Schreiber der eben genannten Handschrift auf den Rand ein Bild gemalt, auf dem zu sehen ist, wie man die Formel korrekt auf das Amulett zu schreiben hat.[18]

Auch der *Malleus maleficarum* des Theologen und Dominikanermönches Heinrich Kramer (1430 – 1505)[19], das unter dem Namen „Hexenhammer" bekannt gewordene berühmtberüchtigte Grundlagenwerk zur Legitimation der Hexenver-

---

17 Die Handschrift befindet sich heute in der British Library, Digitalisat: http://www.bl.uk/manuscripts/FullDisplay.aspx?ref=Royal_MS_12_E_XXIII – abgerufen am 10.01.2021. Dort auch weitere Informationen zu der Handschrift. Eine moderne Edition und Übersetzung: Kai Brodersen (Hg.) *Quintus Serenus. Medizinischer Rat / Liber medicinalis,* Lateinisch – deutsch, Berlin: De Gruyter 2017.

18 Das Kapitel über Malaria und die Zeichnung finden sich in der genannten Handschrift der British Library MS 12 E XXIII im Kap. 51, Vers. 935ff. Zum „Abracadabra" vgl. Kai Brodersen, *Quintus Serenus,* S. 7f. – im Vorwort zu der genannten Ausgabe findet man auch umfangreiche Informationen zu dem *Liber medicinalis* und seiner Überlieferungsgeschichte.

19 Zu Heinrich Kramer vgl. Werner Tschacher, Art. *Kramer, Heinrich (Henricus Institoris),* in: *Lexikon zur Geschichte der Hexenverfolgung,* hg. v. Gudrun Gersmann, Katrin Moeller und Jürgen-Michael Schmidt, in: historicum.net (https://www.historicum.net/purl/45zrr/ – abgerufen am 1.12.2020).

folgung aus dem Jahre 1486, plädiert für magische Riten, beispielsweise als Gegenzauber:

> Gegen Hagelschlag und Gewitter wird (…) folgendes Mittel gebraucht. Drei Körner von dem Hagel werden nämlich unter Anrufung der heiligsten Dreieinigkeit ins Feuer geworfen. Das Gebet des Herrn samt dem Engelsgruß wird zwei- oder dreimal hinzugefügt und das Evangelium Johannis „Am Anfang war das Wort" mit dem Zeichen des Kreuzes überallhin gegen das Gewitter, vorn und hinten und nach jeder Seite des Landes vorgetragen. Und dann, wenn die betreffende Person am Ende dreimal wiederholt: „Das Wort wurde Fleisch" und dreimal danach gesagt hat: „Bei den Worten des Evangeliums, dies Gewitter soll weichen" wird das Gewitter sofort aufhören, wenigstens, wenn es infolge von Behexung hervorgebracht worden ist. Das wird als durchaus wahrer und nicht verdächtiger Versuch beurteilt. Denn gerade der Umstand, dass drei Körner ins Feuer geworfen werden, würde, wenn es ohne Anrufung des göttlichen Namens geschähe, für abergläubisch erachtet werden. Wenn also gesagt wird, ob denn das Gewitter ohne diese drei Körner zum Stillstand gebracht werden könne, wird geantwortet: ganz gewiß, durch zusätzliche heilige Worte. Indem der Betreffende sie ins Feuer wirft, ist er bestrebt, den Teufel zu belästigen, während er versucht, dessen Machenschaften durch die Anrufung der heiligsten Dreieinigkeit zu zerstören. Er wirft sie lieber ins Feuer als ins Wasser, weil, wenn sie schneller aufgelöst werden, auch um so schneller dessen Machenschaft zerstört wird. Den Erfolg jedoch in Form des Schutzes überläßt er dem göttlichen Willen.[20]

---

20 Hexenhammer Bd. 2, 2. Hauptfrage, Kapitel VII – hier zitiert nach der Übersetzung von J. W. R. Schmidt, *Der Hexenhammer*, Berlin und Leipzig: H. Barsdorf 1923, Band 2, S. 184.

Es ist offensichtlich, dass der „Hexenhammer" magische Riten nicht nur für wirksam hält, sondern sie gutheißt, freilich nur dann, wenn Teufel und Dämonen aus dem Spiel bleiben und bei der Ausführung des Ritus die Dreifaltigkeit angerufen wird. Interessant an dieser Stelle ist, dass der Autor offenbar der Meinung ist, dass „ganz gewiß" die Anrufung der Dreifaltigkeit, also ein bloßes Gebet, als Gegenzauber ausreichend und wirksam ist, dass der Erfolg allerdings durch ein magisches Element, nämlich das Werfen von drei (!) Hagelkörnern ins Feuer, beschleunigt wird. Ein schwieriges Feld, in dem Heinrich Kramer offenbar viel mehr an zauberischen Praktiken gutheißt als beispielsweise Theologen der Pariser Fakultät im Jahr 1398 in ihren 28 Thesen. In ihrer 6. These verurteilen die Theologen nämlich die Behauptung, eine Zauberei dürfe durch eine andere bekämpft werden, als einen Irrtum.[21]

Heinrich Kramer war ein, vorsichtig ausgedrückt, problematischer Charakter: Er war mehrfach vorbestraft wegen Beleidigung, Diebstahl, Unterschlagungen und Trunksucht, mehrfach ist ihm vom Orden Lehrtätigkeit und Predigen untersagt worden, aber es ist ihm doch immer wieder gelungen, im Orden Einfluss zu gewinnen und mit der Bekämpfung von Ketzern beauftragt zu werden. Sein Fanatismus erklärt sich wohl nicht zuletzt daraus, dass er das Ketzer- und Hexenwesen, das er überall herauskriechen sah, für einen Vorboten des nahenden Weltendes hielt.[22]

Dass Heinrich Kramer nicht nur mit seinen Schriften und Predigten, sondern auch bei seiner Tätigkeit als radikaler Ketzerverfolger bei seinen Zeitgenossen auf viel Widerstand ge-

---

21 Die Thesen zitiert Weyer, *De praestigiis*, Buch 6, Kap. 28, S. 480.
22 Nach Werner Tschacher, *Kramer, Heinrich* , a.a.O.

stoßen ist, darf man nicht übersehen. Nicht nur im eigenen Orden wollte man ihm Steine in den Weg legen, auch Bischöfe oder die Bevölkerung von Gebieten, in denen er auf Jagd nach dem „Bösen" gehen wollte, haben ihn öfters nicht gerade mit offenen Armen aufgenommen.

Nun ist der „Hexenhammer" nicht, wie man manchmal liest, eine „Hetzschrift".[23] Dass der Autor eine klare Position gegen Hexen vertritt, ist klar. Aber um zu seinen Positionen zu kommen, beschränkt er sich nicht auf Angriffe und Polemik, sondern arbeitet die ihm zur Verfügung stehende Literatur ein, stützt sich also auf das, was man den damals aktuellen Forschungsstand nennen könnte, und wägt in scholastischer Manier sorgfältig das Für und Wider ab.

Als Quelle dient ihm nicht nur eine breite Palette von Literatur, er verweist nicht nur auf all die Autoritäten von antiken Autoren über die Kirchenväter bis hin zu seinen Zeitgenossen, also nicht nur auf Theorie und Berichte aus zweiter Hand, sondern auch auf persönliche Erfahrung, sozusagen auf Empirie.

Das erscheint uns heute zweifellos ein richtiger, vernunftgemäßer Ansatz zu sein. Man muss bei Stellen wie der folgenden aber natürlich bedenken, dass Aussagen von Frauen, die als Hexe vor Gericht standen, wegen der üblichen Androhung oder gar Anwendung von Folterinstrumenten von zweifelhaftem Wert sind:

---

23 Das hat Dieter Harmening in seinem Aufsatz *Die Hexe des Hexenhammers – Literarische Kombinationen* herausgearbeitet, in: Ders. (Hg.), *Zauberei im Abendland. Vom Anteil der Gelehrten am Wahn der Leute. Skizzen zur Geschichte des Aberglaubens*, Würzburg: Königshausen & Neumann 1991, S. 60 – 69.

Es gehört hierher, daß eine gewisse Hexe, vom Richter befragt, ob sie auf irgendeine Art die von Hexen erregten Gewitter zum Stillstand bringen könnten, antwortete: ‚Sie könne es, nämlich dadurch: Ich beschwöre euch Hagelkörner und Winde bei den fünf Wunden Christi, bei den drei Nägeln, die seine Hände und Füße durchbohrten, und bei den vier heiligen Evangelisten Matthäus, Marcus, Lucas und Johannes, daß ihr, in Wasser aufgelöst, herabfallt.'[24]

Er beruft sich also auf eine Zeugenaussage, in der „eine gewisse Hexe" berichtet, wie sie einen bösen Zauber wieder auflösen könne, nämlich mit einem „guten" Zauber. „Gut", weil die Beschwörungsformel nicht den Teufel beschwört, sondern die Wunden Christi und die Evangelisten.

Tatsächlich widmet der „Hexenhammer" eine ganze, aus zahlreichen Kapiteln bestehende Hauptfrage diesem Thema: Welche Mittel sind erlaubt, um den Zauber zu lösen?[25] Denn wo es Zauber gibt, da ist der Gegenzauber nicht fern. Zauber und Gegenzauber mit dämonischer Hilfe sind besonders wirksam, das stellt der „Hexenhammer" gar nicht in Frage. Wie könnte er auch daran zweifeln, dass Dämonen Macht besitzen? Das war schließlich sozusagen unumstrittener Stand der Wissenschaft. Wer an den Dämonen gezweifelt hätte, hätte sich gegen die gesamte biblische und patristische Tradition stellen müssen. Im Gegenteil: Die Macht von Teufeln und Dämonen kann man sich seiner Meinung nach gar nicht groß genug vorstellen. Wir werden diesem Argument noch oft begegnen.

Seine Überzeugungen hat der Autor des „Hexenhammers" nicht nur aus dem Studium von Büchern gewonnen. Das von

---

24 Hexenhammer, S. 184f.
25 Ebd. S. 124ff.

ihm selbst Erlebte oder ihm von Zeitgenossen Berichtete passt so genau zur vorherrschenden Meinung, dass Zweifel nicht aufkommen. So berichtet er beispielsweise, wie er in einem Dorf in Süddeutschland einen Mann angetroffen hat, der sich darauf spezialisiert hatte, offensichtlich Behexten mit Gegenzauber zu helfen. Bei dem Mann, so schreibt er, hätten die Behexten Schlange gestanden.[26]

Wenn man von der Wirklichkeit von Hexerei und Zauberei ausgeht, dann ist die Lösung, die im „Hexenhammer" vorgeschlagen wird, durchaus elegant. Denn einem offensichtlich Behexten oder sonstwie von Hexerei Betroffenen muss geholfen werden, meint er. Damit widerspricht er allerdings, wie er selbst schreibt, der Lehre des Thomas von Aquin (1225 – 1274), der vor jeglichem „Enthexen" eindringlich warnt.[27]

Das jederzeit mögliche und lockende Bündnis mit dem Bösen kommt für den Dominikanermönch trotz seiner Wirksamkeit selbstverständlich nicht in Frage. Aber wenn beim Ritual die Mächte des Guten oder die Heiligen angerufen werden, so sei die Verwendung von heilenden Edelsteine genauso erlaubt wie das Gießen von Püppchen aus Blei zur medizinisch-dämonologischen Diagnose, das so genannte „Besprechen" und magische Amulette, um nur einige Beispiele zu nennen.[28]

---

26 Ebd. S. 132.

27 Im Werk des Thomas von Aquin spielt Magie keine größere Rolle, am ehesten noch die Wahrsagerei. Vieles, was später zum „gesicherten Bestand" der Hexenlehre gehört, wie etwa der Teufelspakt oder der Geschlechtsverkehr mit dem Teufel, ist ihm fremd. Vgl. dazu: P. Linsenmann und T. Korbinian, Art. *Aquin, Thomas von*, in: *Lexikon zur Geschichte der Hexenverfolgung*, hg. v. Gudrun Gersmann, Katrin Moeller und Jürgen-Michael Schmidt, in: historicum.net (https://www.historicum.net/purl/45zn7/ – abgerufen am 06. 12. 2020).

28 Hexenhammer, S. 133f. (Bleigießen), S. 162 (Edelsteine), S. 166

Etwas pointiert könnte man sagen: Für den Autor des „Hexenhammers" sind alle Formen der Magie und des Aberglaubens auch Religion, aber ein Zuviel an Religion:

> „(…) abergläubisch heißt (wie aus der Glosse über Kolosser II: ‚Welches seine Begründung hat im Aberglauben', bemerkt wird), was über das Maß der Religion hinaus beachtet wird."[29]

Aberglaube also ist Religion, aber „mit schlechten und mangelhaften Weisen und Umständen ausgeübte Religion."[30]

Es ist in diesem Zusammenhang nicht unwichtig, dass Heinrich Kramer, der sich ja selbst als Hexenverfolger betätigt hat, eigentlich gegen Ketzer vorgehen sollte. Für Kramer ergibt sich daraus kein Widerspruch, denn er ordnet das Phänomen der Hexen unter Häresie ein. Das war verhängnisvoll. Die Furcht vor Ketzern, die – man kann es manchmal durchaus so nennen – Besessenheit, mit der man gegen religiöse Abweichler

---

(Besprechen), S. 169 (Amulette). Amulette zuzulassen fällt dem Autor sichtlich schwer, denn gewichtige Autoritäten wie Augustinus und Chrysostomus haben sie abgelehnt, auch die eben erwähnten 28 Thesen, die Pariser Theologen 1398 veröffentlich haben (vgl. unten Anm. 172), lehnen Amulette in These 21 ausdrücklich ab (zit. bei Weyer, *De praestigiis*, Buch 6, Kap. 28 S. 481f.). Der „Hexenhammer" folgt an dieser Stelle deswegen Thomas von Aquin, der Amulette in sehr engen Grenzen erlaubt. Interessant, dass schon Plato (Nomoi, 11. Buch, 933 St. 2) von Zauberei mit kleinen Püppchen berichtet, er ist sich aber unsicher, ob damit eine Wirkung zu erreichen ist.

29 Hexenhammer, S. 166. Der Autor verweist hier auf die Glosse, also einen Kommentar zu einer Bibelstelle, nämlich zu Kolosser 2.18. Dort warnt Paulus die Gläubigen von Kolossae vor zuviel Engelverehrung und vor zuviel mystischer Schau. Welche Glosse gemeint ist, ist unklar. Die im Mittelalter meist zitierte *Glossa ordinaria* zu dieser Stelle (Migne PL 114, Sp. 613) ist es jedenfalls nicht.

30 Hexenhammer, S. 166.

vorgegangen ist, ist heute, wo man im westlichen Kulturkreis sich daran gewöhnt hat, Religion als Privatsache anzusehen, schwer verständlich. Ja, die Verfolgung der Ketzer erscheint als böswilliger Tick oder als Ausdruck eines rücksichtlosen Machtstrebens, das erst befriedigt ist, wenn alle sich ihm unterwerfen.

Aber im Mittelalter und in der frühen Neuzeit hat man die Häresie als eine Art Krebsgeschwür eingeordnet, das, lässt man ihm freien Lauf, bald den ganzen Körper zerstören und letztlich umbringen wird. Man hat den Häretiker eben nicht als einen Falschgläubigen angesehen, dem der Platz im Himmel, in einem besseren Jenseits verwehrt werden wird. Das wäre eine individuelle Sache gewesen, ein letztlich vernachlässigbares Moment. Wenn man die Häresie aber als ein Geschwür ansieht, dann wird durch diesen Krankheitsherd der gesamte Körper, die gesamte *christianitas* in Mitleidenschaft gezogen, und zwar auch im Diesseits.

Zur Bekämpfung eines solchen Krebsgeschwürs wiederum erscheint die Todesstrafe gerade recht, besonders das Verbrennen, weil damit der ganze Krankheitsherd in Asche aufgelöst wird. Aber war denn die Todesstrafe überhaupt dem christlichen Geist gemäß? Konnte sie moralisch gerechtfertigt werden? Im Mittelalter gab es noch keinen Katechismus, in dem solche Fragen mit der Autorität des kirchlichen Lehramts entschieden worden wären. Als eine Art Katechismus dienten die Schriften des Thomas von Aquin, der die Todesstrafe nur in ganz engen Grenzen als erlaubt ansieht, z. B. dann, wenn die Beseitigung eines rechtmäßig überführten und verurteilten Delinquenten absolut notwendig für die Gemeinschaft ist. Hartnäckige Ketzer aber, die Reue und Umkehr ablehnen, so argumentiert Thomas von Aquin und zahlreiche Befürworter der Hexenprozesse werden sich ihm anschließen, hartnäckige Ketzer sind eine Gefahr für die Gemeinschaft, weil sie das höchste Gut, nämlich das Seelenheil der Gemeinschaft gefährden.[31]

Dass Heinrich Kramer auch an der Vertreibung der Juden aus verschiedenen Städten im Elsass beteiligt gewesen sein soll,[32] passt in dieses Bild: Falschgläubige und Ungläubige, erst recht diejenigen, die mit dem Teufel im Bund sind, müssen aus der *christianitas* entfernt werden, weil sie nicht nur das Seelenheil gefährden, sondern immer auch Grund für Unglück und Verderben sein können – für Krankheiten, Seuchen, schlechte Ernten, Kriegsgräuel und was auch immer dem Glück des Individuums und der Gemeinschaft entgegensteht. Juden und Hexen als „Sündenböcke" zu bezeichnen, trifft die Sache nicht. Der Sündenbock wird stellvertretend geopfert, mit Juden, Ketzern und Hexen hingegen werden in den Augen der Verfolger die für die Übel der Welt unmittelbar Verantwortlichen aus der geschädigten Gemeinschaft ausgewiesen oder vernichtet.

Der Feldzug gegen Hexen und Häretiker ist für den Autor des „Hexenhammers" folglich unbedingt geboten, eine heftige, aber für die Gesundung der Gemeinschaft unumgängliche Kur. Mit dieser Denkweise steht der „Hexenhammers" all denjenigen nahe, die das Paradies auf Erden durch die Ausrottung des Bösen ermöglichen wollen, die es für legitim halten, Terror als Mittel zur Erreichung der Tugend einzusetzen. Interessanterweise haben auch Theologen, die Zwangssterilisation

---

31 Dazu ausführlich mit zahlreichen Zitaten: X. Basler, *Thomas von Aquin und die Begründung der Todesstrafe*, in: *Divus Thomas* 9 (1931), S. 69 – 90.

32 Die Quellenlage ist nicht eindeutig, vgl. Werner Tschacher, *Kramer, Heinrich, a.a.O.*

und Euthanasie im Nationalsozialismus verteidigen wollten, sich auf Thomas von Aquin berufen, der zur Beförderung des *bonum commune*, des Gemeinwohls, die Entfernung einzelner kranker Glieder aus dem „Volkskörper" erlaubt habe. Sie übersehen dabei aber, dass Thomas von Aquin und auch der Hexenhammer nie an unschuldige, für den Staat oder die Gemeinschaft „lästige" Menschen gedacht haben, sondern immer nur an Menschen, die persönliche Schuld auf sich geladen haben, die eines Verbrechens überführt worden sind.[33] Dass bei den Hexenprozessen die Angeklagten oft, wenn nicht gar regelmäßig mit unhaltbaren Methoden „überführt" worden sind, braucht wohl nicht eigens betont zu werden.

Dass die magischen Riten der Hexen ein bloßer Hokuspokus sein könnten, kommt Heinrich Kramer nicht in den Sinn. Wie könnte es auch? Waren denn nicht die biblischen Erzählungen und erst Recht die Heiligenlegenden voll von Beispielen für übernatürliche Kräfte und ihre erfolgreiche Aktivierung durch Menschen, die sich darauf verstanden? Und genau das – die schier überwältigende Macht der überlieferten Erzählungen von Dämonen, Zauberei, von Erscheinungen, für die es keine Erklärung außer dem Eingreifen von übernatürlichen Mächten gab – genau das macht es allen, die an der Realität der Hexerei gezweifelt haben, so schwer.

Ein zweites kommt hinzu: Wer diejenigen kritisiert, die das Böse ausrotten wollen, macht sich automatisch als Unterstützer der Bösen verdächtig. Trägt, wer für Schonung plädiert, nicht zur Ausbreitung des Krebsübels bei? Wer den Tugendterror anzweifelt, läuft immer Gefahr, der nächsten Säuberungswelle zum Opfer zu fallen.

---

33 Beispiele bei X. Basler, *Thomas von Aquin und die Begründung der Todesstrafe.*

3.

Ein Magier verteidigt Hexen: Agrippa von Nettesheim

Es mag verwundern, dass ausgerechnet ein Magier, nämlich Agrippa von Nettesheim (1486 – 1535), unter den ersten gewesen ist, die der Vernunft ein Stück weit zum Durchbruch verholfen haben, indem sie gegen die Hexenprozesse ihrer Zeit aufgetreten sind.

Agrippa selbst war universal gebildet: Naturforscher, Jurist, Arzt. Eine zwiespältige Persönlichkeit – Heinrich Grimm beschreibt ihn als

> Vortrab und Stammvater aller gehobeneren Schwarzkünstler und Wunderdoktoren des 16. bis 18. Jahrhunderts. Nicht nur die Zwiespältigkeit des die Lebenseinheit der Gesamtkultur aufspaltenden Übergangszeitalters allein, sondern weit mehr das geistig ungezügelte und oft in wirre Phantastik sich verlierende Wesen A.s prägten sein Leben und Werk. Er gehörte zu jenen dunklen, flunkernden Gestalten „zwischen den Schlachten", die als meist für beide Seiten tätige politische Agenten sich mit geheimnisvollem Schleier umgeben.[34]

Agrippa war durch und durch Magier, ein gebildeter Magier: In seinem um 1510 entstandenen, aber erst 1531 in Paris gedruckten umfangreichen Werk *De occulta philosophia* hat er sich

---

34 Heinrich Grimm, Art. *Agrippa von Nettesheim*, in: *Neue Deutsche Biographie 1* (1953), S. 105 – 106.

mit der gesamten einschlägigen Literatur auseinandersetzt. Mit Hilfe der Magie wolle er die Geheimnisse der Natur entschlüsseln, schreibt er. Doch trotz seines hohen Anspruches macht er nicht viel mehr, als die Ansichten anderer Autoren abzuschreiben. Dass er sich in *De occulta philosophia* gegen den Hexenwahn und gegen Hexenverfolgungen ausgesprochen habe, weswegen er selbst im Gefängnis gelandet sei, ist ein Gerücht.[35]

Taucht man ein wenig in die Welt dieses Agrippa von Nettesheim, der übrigens auch ein Vorbild von Goethes Faust gewesen ist, ein, dann findet man heraus, dass für ihn wie selbstverständlich Dämonen existieren, die heimtückische Angriffe auf Menschen planen, Dämonen, deren Namen er mit Hilfe komplizierter Buchstabenverschiebungen aus dem hebräischen Alphabet herauslesen will. Auch eine Fülle von seltsamen Rezepten hat Agrippa zusammengetragen, beispielsweise benötige man für eine Mondräucherung „den Kopf eines gedörrten Frosches, die Augen eines Stiers, etwas vom Samen des weißen Mohns, Weihrauch und Kampfer, vermischt mit Menstruationsblut oder Gänseblut"[36].

Und in einem anderen Kapitel von *De occulta philosophia* heißt es, Menstruationsblut heile

die, die sich vor Wasser fürchten oder trinken, nachdem sie von einem tollwütigen Hund gebissen wurden, wenn nur ein Menstruationstuch unter den Becher gelegt wird. Außerdem berichten sie, dass, wenn menstruierende Frauen nackt um das stehende Korn herumgehen, sie alle Krebsgeschwüre, Würmer, Käfer, Fliegen und alle verletzenden Dinge vom Korn abfallen lassen; aber sie

---

35 So Heinrich Grimm, ebd. S. 105

36 Übersetzt vom Verfasser nach Agrippa von Nettesheim, *De occulta philosophia*, Buch I, Beginn von Kap. 44 – in der Ausgabe Lyon: Beringen 1550 (Digitalisat bei Google Books), S. 90.

müssen darauf achten, dass sie es vor Sonnenaufgang tun, sonst lassen sie das Korn verdorren. Auch sagen sie, dass sie Hagel, Unwetter und Blitze vertreiben können (...) Und Plinius berichtet, dass es eine rote Kröte gibt, die in Dornbüschen und Brombeeren wohnt und voller Zauberei ist und wunderbare Dinge tut; denn das Knöchelchen, das in seiner linken Seite ist, wird, wenn man es in kaltes Wasser wirft, sogleich sehr heiß, wodurch auch die Wut der Hunde gebändigt und ihre Liebe erlangt wird, wenn man es ins Wasser legt; und wenn man es an jemanden bindet, erregt es die Lust. Dagegen macht das Knöchelchen, das auf der rechten Seite ist, heißes Wasser kalt, und es kann nie wieder heiß werden, es sei denn, dass es herausgenommen wird; auch heißt es, dass es quartane heilt, wenn es dem Kranken in eine Schlangenhaut gebunden wird, wie auch alle anderen Fieber, und Liebe und Lust zügelt. Und dass die Milz und das Herz ein wirksames Mittel gegen die Gifte der besagten Kröte ist. So viel schreibt Plinius.[37]

Ohne zu zögern würde man diese und ähnliche Rezepturen des Magiers Aprippa von Nettesheim den Hexen zuschreiben. Dergleichen entspringt scheinbar der so genannten „niederen Volksmagie", dem Wissen von Zauberinnen und Hexern aller Art. Doch Agrippa verrät in dem zitierten Text selbst, woher die von ihm angeführten Beispiele für die Macht der Zauberei stammen, nämlich von Plinius.

Gemeint ist der römische Gelehrte Plinius der Ältere (23/4 – 79 n. Chr.), der ein umfangreiches naturkundliches Werk hinterlassen hat, die *Naturalis historia*, eine Art Enzyklopädie in 37 Bänden, die bis weit in die Neuzeit hinein als eines der wichtigsten Standardwerke gegolten hat. Dort konnte man nicht

---

37 Übersetzt vom Verfasser nach Agrippa von Nettesheim, *De occulta philosophia*, Buch I, Kap. 42, S. 83f. - *quartan* bezeichnet ein viertägiges Wechselfieber.

nur lange Kapitel über Magie finden, sondern in den Bänden über Heilmittel auch eine ganze Reihe magischer Rezepte, die Plinius selbst aus verschiedensten Quellen zusammengetragen hatte.[38]

Die von Agrippa zitierten Stellen finden sich in Band 7 der *Naturalis historia*.[39] Sowohl den Abschnitt über Menstruation als auch die erstaunlichen Wirkungen, die man mit einem Knöchelchen der roten Kröte erzielen kann, hat Agrippa fast wörtlich abgeschrieben, eine Vorgehensweise, die bekanntlich im Mittelalter keineswegs ehrenrührig war. Es bleibt allerdings festzuhalten, dass sich Agrippa damit noch voll in der mittelalterlichen Tradition bewegt.

Die magischen Rezepte in *De occulta philosophia* haben eben nicht viel zu tun mit eigener Erforschung von Volksmagie. Dass solche Rezepte wirksam sein können, scheint Agrippa nicht bezweifelt zu haben, jedenfalls nicht mehr als Plinius selbst, der manches durchaus distanziert berichtet.

Agrippa hat nicht grundsätzlich gegen Hexerei und Hexenverfolgung argumentiert. Das einzige, das man ihm zugute halten kann und muss, ist, dass er eine Frau, die wegen Hexerei

---

38 Vgl. dazu Judith Lichtblau, *Plinius' Naturgeschichte der Magie. Die Ambivalenz magischer Praktiken in der Naturalis Historia*, Baden-Baden: Tectem 2017. Die Kapitel über Magie finden sich in: Plinius Secundus d. Ä., *Naturkunde*, Bd. 29/20: *Medizin und Pharmakologie: Heilmittel aus dem Tierreich*, hg. von Roderich König und Joachim Hopp, München und Zürich: Artemis 1991, S. 116ff.

39 Vgl. dazu die medizinhistorische Dissertation von Karin Barbara Hewera, *Frauenleiden, Schwangerschaft und Geburt in der Naturalis Historia von Plinius dem Älteren (23/4 – 79 n. Chr.)*, Diss. TU München 2012, S. 46 – 52. – Die von Agrippa zitierten Quellen finden sich in: Plinius Secundus d. Ä., *Naturkunde*, Bd. 7: *Anthropologie*, hg. von Roderich König und Gerhard Winkler, München: Heimeran 1975, S.. 63ff. u. 77f.

vor Gericht gestanden haben, verteidigt hat, und zwar 1519 in Metz.[40] In der Umgebung von Metz hat es in der fraglichen Zeit eine ganze Reihe von Hexenprozessen gegeben; wie fast immer wurden Aussagen der Angeklagten mit Hilfe der Folter erpresst. Agrippa hat in einem Fall die Rolle des Verteidigers übernommen. Ob aus eigenem Antrieb, ist unklar, wahrscheinlich nicht, denn dergleichen gehörte zu seinem Aufgabenbereich als Stadtsyndicus.

Seine Verteidigungsstrategie vor Gericht hat keineswegs darauf beruht, dass die angeklagte Frau keine Hexe sein könne, da es keine Hexen gebe. Er argumentiert nicht als Aufklärer und nicht als Naturforscher, sondern als Jurist und Theologe. Zunächst nämlich hat er in dem Prozess, der sich über lange Zeit hingezogen hat, dem Gericht einige Formfehler nachgewiesen. Dann hat er behauptet, in diesem Fall sei die Folter gegen die einschlägigen Vorschriften durchgeführt worden. An einem

---

40 Vgl. Wilhelm Gottlieb Soldan, *Geschichte der Hexenprozesse*, Stuttgart u. Tübingen: Cotta 1848, S. 325f.; ausführlicher: Christoph Meiners, *Lebensbeschreibungen berühmter Männer aus den Zeiten der Wiederherstellung der Wissenschaften*, Bd. 1, Zürich: Orell 1795, S. 259 – 262. Die Geschichte dieses Prozesses ist ebenso verwickelt wie von einer kaum glaublichen Grausamkeit geprägt. Man muss allerdings berücksichtigen, dass die beiden eben angegebenen Autoren das Geschehen nur aufgrund von Agrippas eigenen Schilderungen wiedergeben, denn es gibt offenbar keine weiteren Quellen dazu (so auch Joseph Hansen, *Quellen und Untersuchungen zur Geschichte des Hexenwahns und der Hexenverfolgung im Mittelalter*, Bonn: C. Georgi 1901, S. 512). Eine Rolle mag auch gespielt haben, dass der 1519 in Metz tätige Inquisitor, Nicolaus Salini, Dominikaner war und dass Agrippa kurz vor dem Prozess eine scharfe literarische Fehde mit einem anderen Dominikaner, dem Prior des Klosters in Metz, ausgefochten hat (nach Christoph Meiners, *Lebensbeschreibungen berühmter Männer*, S. 256 – 259).

anderen Prozesstag schließlich hat Agrippa sich auf die Theologie berufen. Der Ankläger nämlich hatte die Anklage damit untermauern wollen, dass er darauf hingewiesen hat, schon die Mutter der Angeklagten sei wegen Zauberei hingerichtet worden. Aprippa selbst schildert den Vorfall so:

> Als Syndicus zu Metz hatte ich einen harten Kampf mit einem Inquisitor, der ein Bauernweib um der abgeschmacktesten Verleumdungen willen mehr zur Abschlachtung, als zur Untersuchung vor sein nichtswürdiges Forum gezogen hatte. Als ich ihm in der Vertheidigung der Angeklagten bewies, daß in den Acten kein genügendes Indicium vorliege, sagte er mir in's Gesicht: Allerdings liegt ein sehr genügendes vor, denn ihre Mutter ist als Zauberin verbrannt worden. Ich verwarf ihm dieß als ungehörig; er aber berief sich auf den Malleus maleficarum und die peripatetische Theologie und behauptete, das Indicium müsse gelten, weil Zauberinnen nicht nur ihre Kinder sogleich nach der Geburt den Dämonen zu weihen, sondern sogar selbst aus ihrem Umgang mit den Incuben Kinder zu zeugen und so das Zauberwesen in den Familien zu vererben pflegten. – Ich erwiderte ihm: Hast du eine so verkehrte Theologie, Herr Pater? Mit solchen Hirngespinnsten willst du unschuldige Weiber zur Folter schleppen und mit solchen Sophismen Ketzer verurtheilen, während du selbst mit deinem Satze kein geringerer Ketzer bist, als Faustus und Donatus? Angenommen, es wäre, wie du sagst: wäre damit nicht die Gnade der Taufe vernichtet? Der Priester würde ja vergeblich sagen: Ziehe aus, unsauberer Geist, und mache Platz dem heiligen Geiste, wenn wegen des Opfers einer gottlosen Mutter das Kind dem Teufel verfallen wäre usw.[41]

---

41 Quelle lateinisch: Agrippa von Nettesheim, *De incertitudine et vanitate scientiarum liber*, Frankfurt 1693, S. 513f.; das Werk ist schon 1531 das ersten Mal gedruckt worden – hier zitiert nach der Übersetzung von Wilhelm Gottlieb Soldan, *Geschichte der Hexenprozesse*, S. 325f. - Mit „Herr Pater" spricht er direkt den Ankläger an, den Dominikanerpater Nicolaus Salini.

Er bezeichnet also den Inquisitor als Ketzer, weil dieser, indem er davon ausgeht, dass Hexerei vererblich sei, die Lehre von der Kraft der christlichen Taufe in Frage stelle, denn die Taufe ist ja selbst eine Art Teufelsaustreibung: Wird die Taufe richtig durchgeführt, dann ist für den Täufling nicht nur die Erbsünde getilgt, sondern auch jegliche Verstrickung in dämonische Zusammenhänge aufgehoben.

Indem er den Inquisitor selbst einer Ketzerei bezichtigt, die vergleichbar mit der der bekannten Häretiker Faustus und Donatus sei, fährt Agrippa schweres Geschütz auf. Mit der Erwähnung dieser beiden Ketzer beruft er sich indirekt auf den Hl. Augustinus – eine unumstößliche Autorität.

Denn mit Faustus ist hier keineswegs, wie gelegentlich zu lesen ist, der historische Dr. Faust, das Vorbild von Goethes „Faust" gemeint, sondern der manichäische nordafrikanische Bischof Faustus, Anhänger der spätantiken Religion des Manichäismus, gegen den Augustinus von Hippo – obwohl oder weil Augustinus selbst in seiner Jugend in Karthago Anhänger dieses Faustus und des Manichäismus gewesen ist – in seinen lange Zeit zum Bildungskanon gehörenden autobiografischen *Confessiones* anschreibt.

Die Manichäer aber kennen kein Taufsakrament und damit weder die Tilgung der Erbsünde noch die Erlösung von dämonischem Einfluss durch die Taufe, Punkte, die in der Theologie des Augustinus eine große Rolle spielen. Im Gegenteil: Für den Manichäer ist es die Kernaufgabe des Gläubigen, sich aus der angeborenen Verstrickung in die Mächte der Dunkelheit langsam herauszuarbeiten.

Bei den Anhängern des Donatus andererseits, den Donatisten, handelt es sich um eine im 4. Jahrhundert entstandene rigoristische Abspaltung vom Christentum, die in Karthago ihren Schwerpunkt hatte. Auch mit dem Donatismus hat sich Augustinus auseinandergesetzt, denn für die Anhänger des Donatus kann es bei schweren Sünden wie dem Abfall vom Christentum keine Vergebung geben. Wenn also, so argumentiert Agrippa, die Meinung des Inquisitors stimmen würde, dass die Kinder von Hexen automatisch im Banne von Dämonen seien, dann gäbe es für diese Kinder keine Gnade, keine Tilgung der Schuld.[42]

Und trotzdem: Agrippa hätte den Prozess wohl nicht gewonnen, wäre der Richter nicht vor der Urteilsverkündung gestorben und hätte man im Nachlass des Richters nicht ein Dokument gefunden, in dem der Richter im Angesicht seines nahen Todes reumütig gestanden hat, dass er sich hatte bestechen lassen.[43]

Der gewonnen Prozess jedenfalls hat Agrippa Ärger eingebracht. Am Ende ging das Gerücht, er habe die Frauen nur verteidigt und einen Freispruch erwirken können, weil er selbst mit dem Teufel im Bunde gewesen sei.[44] Sein Schüler Johannes Weyer schreibt später, Agrippa habe einen großen schwarzen Hund gehabt, den er „Monsieur" genannt habe. Deswegen hätten die Leute ihn verdächtigt, er habe Umgang mit dem Teufel – ein Vorwurf, den Johannes Weyer allerdings strikt zurückweist.[45]

---

42 Vgl. Bernhard Kriegbaum, Art. *Donatismus, Donatisten*, in: Walter Kasper (Hg.): *Lexikon für Theologie und Kirche* Bd. 3, Freiburg: Herder (3. Aufl.) 1995, Sp. 332ff.

43 Nach Christoph Meiners, *Lebensbeschreibungen berühmter Männer*, S. 262.

44 Vgl. dazu Art. *Agrippa von Nettesheim, Henricus Cornelius*, in: *Lexikon zur Geschichte der Hexenverfolgung*, hg. von Gudrun Gersmann, Katrin Moeller und Jürgen-Michael Schmidt, in: historicum.net (https://www.historicum.net/purl/45zmr/ – abgerufen am 17. 12. 2020).

45 Weyer, *De praestigiis*, Buch II, Kap. 6, S. 98.

Kurz darauf hat Agrippa auch Metz verlassen und ist zurück in seine Heimatstadt Köln gezogen, wo er sich noch intensiver als vorher den magischen Künsten und geheimnisvollen Büchern widmete, mit hohem Anspruch, aber nach wie vor offen für alle möglichen Formen des Aberglaubens.

So hat er sich in den Jahren nach 1519 intensiv mit den Schriften des Johannes Trithemius (1462 – 1516) – eines sehr belesenen Humanisten, den er persönlich gekannt hat – beschäftigt, der als Benediktiner-Abt zwei Klöster reformiert und eine große Bibliothek zusammengetragen hat, der aber kein aufgeklärter Geist war, sondern eine Vorliebe für abgelegene, spekulative und dunkle Werke hatte, etwa über die so genannten Planetengeister. Von daher kann es nicht Wunder nehmen, dass der gelehrte Abt nicht nur ein scharfer Verfechter des Hexenglaubens in der Tradition des „Hexenhammers" gewesen ist, sondern alle möglichen magischen Rezepte gegen Hexen empfohlen hat.[46]

Aber warum hat Agrippa 1519 eine Hexe verteidigt? Offenbar hat er nicht grundsätzlich die Wirksamkeit von Hexerei in Zweifel gezogen, sondern lediglich nicht viel von den Zaubermethoden der als Hexen bezeichneten Frauen gehalten. In der Vorrede zu *De occulta philosophia* grenzt er sein Projekt einer Art Renaissance der antiken Wissenschaft deutlich ab von uner-

---

46 Sein Werk *Antipalus maleficiorum* von 1508 (lange nur handschriftlich vorhanden, Erstdruck Mainz 1605) ist vielleicht noch schärfer als der „Hexenhammer". Vgl. dazu sehr gründlich und differenziert: Klaus Arnold, *Humanismus und Hexenglaube bei Johannes Trithemius (1462 – 1516)*, in: Peter Segl (Hg.), *Der Hexenhammer. Entstehung und Umfeld des Malleus maleficarum von 1487*, Köln und Wien: Böhlau 1988, S. 217 – 240. Vgl. Christoph Meiners, *Lebensbeschreibungen berühmter Männer*, S. 266f. mit einem sehr instruktiven Beispiel.

laubten, bösen Hexereien und teuflischem Schadenszauber.[47]

Es scheint, als ob die der Hexerei angeklagten Frauen sein Projekt der Veredelung der Magie zur Wissenschaft gestört hätten, als ob er deswegen abgestritten hätte, ein „altes närrisches Weib auf dem Lande" könne tatsächlich mit magischen Kräften auf die Natur einwirken. So etwas, schreibt er in *De occulta philosophia*, sei „größtenteils erlogenes, abergläubisches Zeugs, verderbliche Erdichtungen, die, obgleich sie nicht unter den Begriff einer erlaubten Kunst fallen können, doch den ehrwürdigen Titel Magie zu ihrem Aushängeschild nehmen", eine „sträfliche Entweihung"[48].

Er dagegen verspricht den Lesern seines Buches die Rückkehr zur wahren, reinen Magie. Auf diese Art von Magie, die für ihn sozusagen der Königsweg zur Erlangung von Wissen ist, hält er große Stücke:

> Die Magie ist eine Macht von wunderbarem Wert, voll höchster Geheimnisse, und enthält die tiefste Betrachtung der geheimsten Dinge, ihrer Natur, Kraft, Qualität, Substanz und ihrer Eigenschaften, wie auch die Kenntnis der ganzen Natur, und sie belehrt uns über die Verschiedenheit und Übereinstimmung der Dinge untereinander, woraus sie ihre wunderbaren Wirkungen hervorbringt, indem sie die Eigenschaften der Dinge durch die Anwendung der einen auf die anderen und auf ihre niederen sächlichen Gegenstände vereinigt und sie durch die Kräfte und Eigenschaften der höheren Körper gründlich zusammenfügt und verbindet. Dies ist die vollkommenste und wichtigste Wissenschaft, eine heilige und sublime Art der Philosophie, ja sie ist die absolute Vollendung der edelsten Philosophie. Denn da alle regulative Phi-

---

47 Vgl. Agrippa, *De occulta philosophia*, *Ad lectorem*, ohne Seitenzahl.

48 Übersetzt vom Verfasser nach Agrippa von Nettesheim, *De occulta philosophia*, Begleitschreiben an Johannes Trithemius, ohne Seitenzahl

losophie in Naturkunde, Mathematik und Theologie geteilt wird: Natur-Philosophie lehrt die Natur der Dinge, die in der Welt sind, sucht und erforscht ihre Ursachen, Wirkungen, Zeiten, Orte, Moden, Ereignisse, ihre Gesamtheit und Teile (...).[49]

Und er nennt auch die Voraussetzungen für den Weg zu einem Magier, der wirkmächtig und zugleich auf der Seite des Guten ist: Verankerung in der Religion, Sieg über die Leidenschaften und der erfolgreiche Abschluss eines Hochschulstudiums in Philosophie, Mathematik und Theologie:

> Es ist auch wohl bekannt, dass Pythagoras und Plato zu den Propheten von Memphis gingen, um das zu lernen, und durch fast ganz Syrien, Ägypten, Judäa und die Schulen der Chaldäer reisten, damit sie nicht in Unkenntnis der heiligsten Schriften und Aufzeichnungen der Magie seien und damit sie übernatürlichen Fähigkeiten erwerben könnten. Wer also in dieser Fakultät zu studieren wünscht, wenn er nicht in der Naturphilosophie bewandert ist, in der die Qualitäten der Dinge entdeckt werden und in der die verborgenen Eigenschaften eines jeden Wesens zu finden sind, und wenn er nicht in der Mathematik und in den Aspekten und Figuren der Sterne bewandert ist, von denen die erhabene Wahrheit und die Eigenschaften eines jeden Dings abhängen; und wenn er nicht in der Theologie gelehrt ist, in der jene immateriellen Substanzen offenbart werden, die alle Dinge disponieren, kann er unmöglich in der Lage sein, die Vernunft der Magie zu verstehen. Denn es gibt keine Arbeit, die durch bloße Magie getan wird, noch irgendeine Arbeit, die lediglich magisch ist, die also nicht diese drei Fähigkeiten umfasst.[50]

Agrippa, so könnte man überspitzt sagen, glaubt nur dem, was

---

49 Übersetzt vom Verfasser nach Agrippa von Nettesheim, *De occulta philosophia*, Buch I, Beginn von Kap. 2, S. 2f.
50 Ebd S. 5.

er in den Werken der gelehrten magischen Tradition gefunden hat, nicht dem, was irgendwelche alte Frauen sagen. Letztere sind seiner Meinung nach schon deswegen nicht ernst zu nehmen, weil das, was sie sagen, nicht mit dem, was er in den Werken der „hohen, alten Kunst der Magie" gelesen hat, übereinstimmt. Man muss, um das richtig einordnen zu können, bedenken, dass zu der Zeit des Agrippa die Erforschung der Natur und der Naturkräfte noch in den Anfängen steckte. Die Astrologie war nicht von der Astronomie geschieden, die Alchemie nicht von der Chemie, Medizin nicht von dem, das man mit einem modernen Begriff als Voodoo bezeichnen könnte. Wenn Agrippa und andere die Fahne der *magia naturalis* hochhalten, dann mag ihre Art der Naturwissenschaft nicht immer unserem Begriff von Wissenschaft entsprechen. Es bleibt aber festzuhalten, dass die *magia*, um die es ging, eine im Kern wissenschaftlich-rationale Suche nach den noch verborgenen Naturkräften war, kein volkstümlicher Hokuspokus.

4.

Zwischen Bibel und praktischer Vernunft: Johannes Weyer

Johannes Weyer (1516 – 1588) war, wie er selbst schreibt, ein Schüler des Agrippa von Nettesheim.[51] Seine Einstellung zum Hexenglauben seiner Zeit ist nicht einfach herauszuarbeiten und lässt sich keineswegs in einem oder zwei Sätzen zusammenfassen. Fangen wir mit dem Ende seines umfangreichen Werkes „Von Teufelsgespenst, Zauberern und Gifftbereytern, Schwarzkünstlern, Hexen und Unholden" an, dem Epilog. Dieser schließt mit einem Horaz-Zitat:

> Somnia, terrores, Magicos, miracula, sagas
> Nocturnos, lemures, portentaque Thessala rides[52]

Kannst Du, fragt Horaz an der Stelle einen Freund, dem er erklären will, wie ein gelungenes Leben aussieht, über Träume, Schrecken, Zauberer, Wunder, Wahrsagerinnen, Nachtgeister und die Gaukeleien Thessaliens lachen? Doch so eindeutig wie Kant, der dem zweiten Hauptstück des zweiten Teils seiner frühen Schrift „Träume eines Geistersehers" das gleiche Zitat von Horaz als Motto vorangestellt hat, gibt Weyer die Welt der Geister und der Geisterseher nicht der Lächerlichkeit preis, eher im Gegenteil.

---

51 Weyer, *De praestigiis*, Band 2, Kap. 5, S. 96 – er verteidigt Agrippa an der Stelle gegen den Vorwurf, ein verdammenswerter Zauberer zu sein.
52 Horaz, *Epist.* II, 2, Vers 208f. – bei Johannes Weyer in *De Praestigiis*, Epilog, S. 483.

Ebenso im Epilog wendet er sich nämlich auch scharf gegen Pietro Pomponazzi, den er zu den Peripatetikern zählt, die, so vermutet er, sein Werk scharf kritisieren werden:

> Denn ich bin zweiffels on / es werden sich die subtilen Peripatetici in dem ersten glied finden lassen / vnnd einmal alle Mirackel vnd Wunderwerck so den gemeinen lauff der Natur weit vberhöhen / auß natürlichen gründen vnd vrsachen herauß führen wöllen auch jres Platonis vnn Aristotelis grillen der heiligen Christlichen Religion vnnd Bibelschrifften weit fürsetzen.[53]

Die Tendenz, die Philosophen wie Pietro Pomponazzi mit ihrem „aufgemotzten und blumigen Geschwätz"[54] verfolgt haben, sieht Johannes Weyer durchaus richtig: Sie werten Bibel und Christentum ab und berufen sich auf die Vernunft. Falsch, sagt Johannes Weyer und versichert ganz zum Schluss von *De praestigiis* nochmals, er stehe fest auf dem Boden des Christentums und habe sich nicht von den Irrlehren dieser Philosophen in die Irre führen lassen, wovor ja schon Paulus im 2. Kapitel seines Briefes an die Kolosser gewarnt habe.[55]

Man könnte sagen: Damit hat Johannes Weyer, was die Kritik am Hexenglauben angeht, schon verloren. Die Bibel und die christliche Überlieferung, vor allem die Heiligenlegenden, sind so voll von Wundern, vom Eingreifen von Engeln und

---

53 Weyer, *De praestigiis*, Epilog, S. 482.

54 Ebd.: „alles geschwetz / es sey ja auffgemutzt vnnd geblümt wie es jmmer wölle."

55 Vgl. Kol 2.4–8; man mag sich wundern, dass Weyer die Schriften des Pietro Pomponazzi gelesen haben soll; Weyer zitiert ihn auch nicht, versichert aber im Epilog (S. 483), er habe persönlich mit einem Schüler Pomponazzis gesprochen, der diesen als „Gottloß vnd verrucht" bezeichnet habe.

Dämonen, dass es eines erheblichen Scharfsinnes oder, wenn man so will, geistiger Winkelzüge bedarf, um das übernatürliche Wirken der Hexen als Aberglauben verurteilen zu können, ohne damit gleichzeitig das übernatürliche Wirken der Engel und der in der christlichen Tradition erwähnten Dämonen über Bord zu werfen. Davor schreckt Johannes Weyer zurück, ob aus Furcht, als Ketzer angeklagt zu werden, oder aus tatsächlicher christlicher Überzeugung, lässt sich in seinem Falle ebenso wie bei vielen anderen Autoren, von denen noch die Rede sein wird, von heute aus kaum beurteilen.

Was den von Weyer kritisierten Philosophen Pietro Pomponazzi (1462 – 1525) angeht, der lange in Bologna gelehrt hat, so liegen in seinem Werk schon alle Elemente bereit, die nötig sind, um den Hexenglauben gänzlich zurückzuweisen. Pomponazzi hat nämlich nicht nur unter Berufung auf Aristoteles die Unsterblichkeit der Seele angezweifelt und den Beweis des Thomas von Aquin für die Unsterblichkeit der Seele als fehlerhaft zurückgewiesen. Er hat auch in seinem 1520 verfassten *De incantationibus* (Über Beschwörungen), das wohl auf Wunsch des Autors zu seinen Lebzeiten nicht gedruckt worden ist, mit philosophischen Argumenten dargelegt, dass die Annahme, es gebe Engel und Dämonen, schlicht unnötig ist, jedenfalls – und das ist eine wichtige Einschränkung – wenn man der Richtschnur der aristotelischen Philosophie folgt.[56]

---

56 So Vittoria Perrone Compagni, Art. *Pomponazzi, Pietro*, in: *Dizionario Biografico degli Italiani* -Volume 84 (2015) – https://www.treccani.it/enciclopedia/pietro-pomponazzi_(Dizionario-Biografico) – abgerufen am 11. 02. 2021. Der Erstdruck (Petrus Pomponatius, *De naturalium effectuum admirandorum causis sive de incantationibus liber*) ist erst 1556 in Basel bei Sebastian Henricpetri erfolgt (Digitalisat bei Google Books). Herausgegeben hat diese Erstausgabe übrigens G. Grataroli, ein italieni-

Es geht in diesem Werk nicht im engeren Sinne um Hexen, sondern um einen Fall von Heilung aufgrund des Eingreifens von Dämonen, also um Geschehnisse, die *praeter naturae ordinem* zu sein scheinen.

Selbst wenn Dämonen existieren würden – eine Prämisse, die für Pomponazzi nach Aristoteles schon einmal falsch ist –, so wären sie nicht in der Lage, die natürlichen Vorgänge auf der Erde zu beeinflussen, weil ihnen als körperlose Wesen die Empfindungen und Erfahrungen fehlen würden, die nötig seien, in körperliche oder natürliche Prozesse einzugreifen. Vielleicht, so meint er, können sich die Dämonen eines anderen Körpers bedienen, vielleicht auch können sie Menschen irgendwelche Heilmittel oder Gifte verabreichen, was aber noch unwahrscheinlicher sei. Im Grunde seien diese und ähnliche Spekulationen überflüssig. Das ganze Gedankengebäude, das viele Theologen beschäftigt hat, könne man ersatzlos streichen, „weil wir diese Art von Erfahrungen durch natürliche Ursachen retten können", eine Behauptung, die er dann an einigen Beispielen durchexerziert, indem er natürliche Ursachen für übernatürliche Erfahrungen aufzeigt.[57]

Natürlich kann Pomponazzi mit den naturwissenschaftlichen Kenntnissen seiner Zeit nicht alle Phänomene korrekt na-

---

scher Alchemist (!), der sich als Anhänger Calvins nach Basel geflüchtet hatte.

57 Diese stark vereinfachte und verkürzte Darstellung der komplizierten Gedankengänge Pomponazzis orientiert sich an: Craig Martin, Art. *Pietro Pomponazzi*, in: Edward N. Zalta (Hg.), *The Stanford Encyclopedia of Philosophy* (Winter 2017 Edition) – https://plato.stanford.edu/archives/win2017/entries/pomponazzi/ – abgerufen am 10. 02. 2021; vgl. auch Kurt Flasch, *Der Teufel und seine Engel. Die neue Biographie*, München: Beck 2015, S. 223ff.

turwissenschaftlich erklären, doch er hat eine Einstellung, die schon ein wenig an den Fortschrittsoptimismus der Aufklärung erinnert: Mit der zunehmenden Erforschung der Eigenschaften von Pflanzen beispielsweise, die er als okkulte, also noch verborgene Kräfte beschreibt, könnten Stück für Stück Effekte, die man bislang Engeln und Dämonen zugeschrieben hat, als natürliche erklärt werden. Ebenso stehe es um Heilerfolge, die man als übernatürlich bezeichnet hat: Mit okkulten, noch verborgenen Kräften, die bestimmte Menschen haben, könne man alles natürlich erklären.

Dabei kommt er recht nahe daran, das zu verteidigen, was wir heute unter Magie verstehen: die Beeinflussung der Natur mit der Kraft der menschlichen Vorstellungskraft und des menschlichen Geistes. Das ist selbstverständlich keine Erklärung „übersinnlicher Phänomene", die den Ansprüchen moderner Naturwissenschaftler genügt. Aber – und darauf kommt es hier an – für eine Erklärung von unerklärlich scheinenden Vorkommnissen werden von Pietro Pomponazzi unter Berufung auf Aristoteles weder Engel noch Dämonen herangezogen. Das gleiche gilt, wenn er von Planetengeistern oder den Intelligenzen der Planeten spricht, die die Ereignisse auf der Erde bestimmen sollen. Auch das darf man nicht als astrologische Verirrung ansehen, sondern als einen Versuch, Engel und Dämonen durch etwas zu ersetzen, das ihm wissenschaftlicher erschien.[58]

---

58 Kurt Flasch, *Der Teufel und seine Engel*, S. 223ff. scheint mir etwas zu übertreiben, wenn er das als neuen Aberglauben bezeichnet; vgl. Pomponazzi, *De incantationibus*, Kap. 13, S. 327f. zu den Planetengeistern, eine Vorstellung, die damals übrigens viele Intellektuelle beschäftigt hat. Pomponazzi sieht selbst, dass er übernatürliche Einflüsse nicht strikt ablehnt. Christen und Peripatetiker, so schreibt er, sind sich einig: Es gibt

Mit der Streichung von Engeln und Dämonen entfernt Pomponazzi einer der tragenden Säulen des Hexenglaubens. Doch das Gedankengebäude stürzt damit nicht vollkommen zusammen. Denn er erklärt die Phänomene nur anders, naturwissenschaftlicher, zweifelt aber nicht daran, dass es sie gibt. Dann verbünden sich die Hexen halt nicht mit Dämonen oder dem Teufel, könnten Hexenverfolger sagen, na gut, aber steht nicht trotzdem fest, dass sie mit ihren Kräften der Gemeinschaft schaden?

Obwohl Pomponazzi den Einfluss von Engeln und Dämonen stark beschneidet, kommt er letztlich nicht darum herum, in seltenen Ausnahmefällen wie der Auferstehung des Lazarus, der Verfinsterung während der Kreuzigung Jesu oder den Stigmata des Hl. Franz von Assisi ein tatsächliches Wunder als wahrscheinlich in Betracht zu ziehen:

> (…) si in hoc mundo inferiori aliquis est effectus, qui de necessitate sine causis secundis fiat a deo, hunc effectum Peripatetici saluare non possunt. Hocque ostendit doctrinam Peripateticam non esse ueram sed deficientem.[59]

Wenn Gott direkt eingreift, schreibt Pomponazzi, dann übersteigt die Erklärung solcher Vorkommnisse den Kompetenzbereich der peripatetischen Philosophen, in diese Sphäre reichen die Hypothesen der aristotelischen Schule nicht hinein. Aber, so könnte man hinzusetzen: Es gibt sie doch, die außerordentlichen Wunder *contra naturam*.

---

immaterielle Einwirkungen, die Peripatetiker halten die Planetengeister für die Ursache, die Christen Engel und Dämonen; vgl. auch Vincenzo Lavenia, *La Lotta Alle Superstizioni: Obiettivi E Discussioni Dal „Libellus" Al Concilio Di Trento*, in: *Franciscan Studies* 71 (2013), S. 167f. – http://www.jstor.org/stable/43855968 – abgerufen am 21. 02. 2021.

59 Pomponazzi, *De incantationibus*, Kap. 13, S. 332.

Wenn Pomponazzi an dieser und anderen Stellen im abschließenden 13. Kapitel von *De incantationibus* den Versuch unternimmt, die Schlüsse, die er aus der aristotelischen Philosophie zieht, mit dem christlichen Glauben zu harmonisieren, dann könnte man ähnlich wie bei Johannes Weyer dies als einen durchschaubaren Versuch ansehen, sich der Verfolgung durch Glaubenswächter zu entziehen. Der Glaube, schreibt Pomponazzi in der 5. *Conclusio*, muss die Philosophie ergänzen,[60] die christlichen Dogmen dürfen nicht angetastet werden.[61] Und, noch schärfer, in der 7. *Conclusio*: Wenn der Glaube oder gar die Bibel, die von Gott, der die Wahrheit ist, stammt, behaupten, es gäbe Engel und Dämonen, dann gibt es eben Engel und Dämonen[62] – Ende der Diskussion:

> Es gibt einige Dinge, Vorgänge, von denen wissen die Philosophen nichts, sie bleiben für diese verborgen (*abscondita*) und ihrer Vernunft entzogen, aber sie liegen offen zutage (*aperta sunt*) denen, die an Christus glauben, den Frommen, die wie die Propheten, Aposteln oder Heiligen gewesen sind.[63]

Ist das seine Überzeugung oder ist er vor der Übermacht der Glaubenswächter eingeknickt? Wer will das wissen? Im Zusammenhang mit dem Hexenglauben aber bleibt festzuhalten, dass Pomponazzi zwar die Möglichkeit nicht ausschließt, dass Gott dann und wann direkt eingreift. Dass er sich damit aber keineswegs der bei seinen Zeitgenossen vorherrschenden Meinung anschließt, überall und ständig seien Dämonen am Werk, mit deren Hilfe den Menschen großer Schaden zugefügt werde.

---

60 Ebd. S. 337.
61 Ebd. 6. *conclusio*, S. 340
62 Ebd. S. 341.
63 . Ebd. S. 346, übersetzt vom Verfasser.

Weyer war einerseits ein durchaus erfolgreicher Arzt, ein moderner Mann, der 1573/4 eine junge Frau, die behauptete, wunderbarerweise monatelang ohne Nahrung auskommen zu können (ein Fall, der damals einigen Staub aufgewirbelt hatte), durch persönliche Beobachtung und mit den Methoden eines Detektivs als Betrügerin entlarvt hat.[64] Er hatte aber andererseits auch eine Neigung zum Geheimnisvollen, zur Magie, obwohl er nicht mit allem einverstanden war, was damals unter der Fahne „gelehrte Magie" segelte.

Er kritisiert beispielsweise in seinem *De praestigiis* das *Heptameron* (oder *Elementa Magica*) des italienischen Gelehrten Pietro d'Abano (ca. 1250 – 1316). Dieser, so schreibt er, sei ein verabscheuungswürdiger Schwarzkünstler, dessen Buch verbrannt werden sollte.[65] Dass das von Weyer kritisierte Werk gar nicht wirklich von dem verdienstvollen Forscher Pietro d'Abano stammt,[66] tut in diesem Zusammenhang wenig zur Sache, die dort angeführten Anleitungen zu magischen Ritualen jedenfalls lehnt Weyer ab, Pietro d'Abano zählt er zum Kreis derer, die er „*magus infamis*" nennt, böse Zauberer, die mit Hilfe des Teufels vieles *contra naturam* zuwege bringen könnten.[67]

Die numerologischen Spekulationen aber, die in dem oft gedruckten *Heptameron* vorgetragen werden, haben damals in der

---

64 Vgl. dazu: Waltraud Pulz, *Nüchternes Kalkül – verzehrende Leidenschaft. Nahrungsabstinenz im 16. Jahrhundert*, Köln: Böhlau 2007, S. 73 – 83.

65 Weyer, *De praestigiis*, Buch II, Kap. 5, S. 97.

66 Iolanda Ventura, Art. *Pietro d'Abano*, in: *Dizionario Biografico degli Italiani* - Volume 83 (2015) – https://www.treccani.it/enciclopedia/pietro-d-abano_(Dizionario-Biografico) – abgerufen am 12. 02. 2021; vgl. auch www.pietrodabano.net

67 Den „bösen Zauberern" und „Schwarzkünstlern" widmet Weyer ein ganzes langes Kapitel: Weyer, *De praestigiis*, Buch II, Kap. 2, S. 84ff.

Gelehrtenwelt kursiert: Trithemius beschäftigt sich damit und auch Agrippa präsentiert ein leicht verändertes Schema der Zuordnung von Planeten, Zahlen und hebräischen Namen von Planetengeistern bzw. Planetenengeln in *De occulta philosophia*, interessanterweise in dem Teil seines Werkes, das sich mit Mathematik beschäftigt.[68] Die Zeitgenossen haben das Heptameron sogar für ein Werk von Agrippa gehalten, denn es ist mehrmals als 4. Buch von *De occulta Philosopia* gedruckt worden und spielt übrigens noch heute in der okkulten Szene eine Rolle.[69]

Johannes Weyer hat, wie er selbst sagt, kurz nach 1530 die als „Zauberbuch" angesehene kryptologische Handschrift *Steganographia* von Johannes Trithemius (entstanden 1499/1500) bei Agrippa eingesehen, heimlich abgeschrieben und studiert.[70] Doch nicht nur das: Er hat die umstrittene Schrift des Trithemius gegen die in einem Brief geäußerte Kritik des Theologen

---

68 Agrippa von Nettesheim, *De occulta philosophia*, Buch II, Kap. 22, S. 242ff., bes. S. 247 – 253.

69 Zahlreiche nützliche Hinweise zum *Heptameron* finden sich in einer zweisprachigen Edition, die unter http://www.esotericarchives.com/solomon/heptamer.htm zu finden ist – abgerufen am 12. 02. 2021.

70 Johannes Weyer, *De praestigiis Daemonum*, Buch II, Kap. 6 – in der Ausgabe Basel: J. Oporinus 1566, S. 148 (Digitalisat bei Google-Books). In der 1586 in Frankfurt bei N. Basseus erschienenen überarbeiteten und erweiterten deutschen Ausgabe *De praestigiis daemonum, Von Teufelsgespenst, Zauberern und Gifftbereytern, Schwarzkünstlern, Hexen und Unholden, darzu irer Straff, auch von den Bezauberten und wie ihnen zuhelffen sey* (…) (Digitalisat bei Google Books), nach der ich der Einfachheit halber im folgenden zitieren werde, findet sich die Stelle auf S. 99f. Die *Steganographia* ist erst 1606 in Frankfurt gedruckt worden. Charles de Bouelles hatte bei Trithemius die noch unveröffentlichte Handschrift eingesehen. Das Werk beschäftigt sich vornehmlich mit Geheimschriften und Verschlüsselungstexten, es galt aber als magisch-okkult und stand auch lange auf dem Index der verbotenen Bücher.

und Mathematikers Charles de Bouelles (1475 – 1567) verteidigt, der übrigens wenigstens zeitweise zum Freundeskreis von
Weyers Lehrer Agrippa von Nettesheim gehört hatte. Trithemius selbst hatte sich schon in einer wohl verloren gegangenen
Schrift gegen die Anschuldigungen des Charles de Bouelles
verteidigt, welcher ihn einen Magier und Nekromanten genannt hatte, Johannes Weyer stimmt ihm zu, indem er kurzerhand behauptet, Charles de Bouelles habe die *Steganographia*
nicht verstanden. [71]

Man sieht: Weyer war ein streitbarer Mann, der mitten in den
aktuellen Diskussionen seiner Zeit gestanden hat. Die Gedankengänge, die er in seinem umfangreichen Werk über Hexen
und Geister darlegt, scheinen manchmal durchaus modern zu
sein. Er weiß auch genau, dass seine Thesen dem, was man
den zeitgenössischen Stand der Wissenschaft nennen könnte,
widersprechen, verspricht aber, kein Blatt vor den Mund zu
nehmen:

> Derhalben nimm ich kein blatt für das maul / sondern sags gut
> rund / daß alle Teutschen Scribenten / welche ich noch gesehen
> vnnd gelesen hab / in disem argument / wiewol sie es vornen
> her mit herrlichen titteln schön auffmutzen / vnnd allein auf die

---

71 Weyer, *De praestigiis*, Buch II, Kap. 6, S. 99f. Dass er zum Freundeskreis
   gehört hat: Vittoria Perrone Compagni, Art. *Heinrich Cornelius Agrippa
   von Nettesheim*, in: Edward N. Zalta (Hg.), *The Stanford Encyclopedia of
   Philosophy* (Spring 2017 Edition) – https://plato.stanford.edu/archives/
   spr2017/entries/agrippa-nettesheim/ – abgerufen am 02. 02. 2021.
   Zu Charles de Bouelles: Dominik Bertrand-Pfaff, Art. *Bouelles, Charles
   de (auch Bouvelles, Bovelles, Bouillé, Bouilles oder latinisiert: Carolus Bovillus)*,
   in : *Biographisch-Bibliographisches Kirchenlexikon (BBKL)* Bd. 2, Nordhausen:
   Bautz 2003, Sp. 149 – 154. Zum Streit um Trithemius und den Brief des
   Charles de Bouelles: Jean Claude Margolin, *Lettres et poèmes de Charles de
   Bovelles*, Paris : Champion 2002, S. XCIII.

heilige Schrifft sich beruffen / hören lassen / jedoch alle sampt / vnnd sonders deß rechten zwecks verfehlt / vnnd an einen stock gefahren sind. Vnnd das vmb so viel mehr / dieweil ich gesihe / daß sie den elenden / arbeitseligen[72] Zaubervetteln / das Ungewitter vnnd Leibs verletzunge betreffen / gar zu viel zumessen / vnnd sie hiedurch on alles vrtheil / vnderscheid vnn erbermdte dem hencker an die hand geben / vnnd im rauch gen Himmel schicken.[73]

Johannes Weyer erkennt noch ein zweites Motiv für die Hexenverfolgungen, das sicherlich oft eine Rolle gespielt hat, nämlich Habgier. Auch in diesem Zusammenhang, so versichert er, werde er kein Blatt vor den Mund nehmen. Aus purem Egoismus nämlich würden Geistliche und Mönche völlig unschuldige Frauen der Hexerei bezichtigen. Diesen „Teuffelsüchtigen Pfaffen" wirft er vor, „vnschüldige / ehrlichen / Gottsförchtigen / Matronen" aus purem Eigennutz zu denunzieren und damit ganze Familien oder gar Dörfer zu entzweien.[74]

Und er setzt noch einen drauf: Mit dem Stolz des „richtigen" Arztes bezeichnet er die Geistlichen als „Kälberärzte" und „Bescheißdenbauer", die nichts anderes seien als „treffliche gute Werckzeug" des Teufels, Beelzebub ihr Prinzipal.[75]

Ein Frontalangriff auf Hexenglauben und Hexenprozesse? Schön wär's, ist man versucht zu sagen. Denn hätte Johannes Weyer tatsächlich zeigen können, dass das Volk, die Inquisitoren und die Gelehrten sich irren und die armen Frauen völlig zu unrecht dem Scheiterhaufen übergeben, dann stünde er wie ein Leuchtturm ganz alleine in seiner Zeit und nur noch be-

---

72 arbeitselig = mühevoll, fleißig arbeitend.
73 Weyer, *De praestigiis*, Buch II, Kap. 1, S. 83.
74 Weyer, *De praestigiis*, Buch II, Kap. 17, S. 131.
75 Ebd. S. 132.

sonders verstockte oder böswillige Menschen hätten die Hexenprozesse in dem gewohnten Stil fortsetzen können.

Doch so einfach ist das nicht. Manchmal allerdings ist Johannes Weyer tatsächlich nahe daran, das ganze Gedankengebäude mit neuen, ganz empirisch-praktischen Argumenten vom Tisch zu wischen.

So berichtete er etwa von dem Fall einer Nonne, die zu seiner Zeit in Holland als Hexe verbrannt worden ist. Die Frau hatte gestanden, Geschlechtsverkehr mit dem Teufel gehabt zu haben. Für die meisten Zeitgenossen war der Fall damit vermutlich erledigt, für Johannes Weyer aber nicht:

> Wie ich denn weiß / dass der Jaren ein Klosternönnlein in Hollandt von wegen jhrer eigenen bekänntnisse / solcher unlauterkeit mit dem Teuffel begangen / zum Feuwer verurtheilt worden ist (…) Wolan / so thue man eins / verordene ein wolerfahrne Hebammen / oder sonst nicht ein vnuerstendige ehrliche Matronen / welche sie besichtige vnd erkündige. So wird sich gewisslich vnnd eigentlich erfinden (wenn sie anderst sonst kein Mann berühret vnnd erkennt) dass sie noch eine reine / vnuersehrte Jungfraw seyn wirdt / vnnd der blum oder blust jhrer Jungfrawschafft (so die Griechen vnnd Latiner Hymen nennen / noch nicht abgerissen ist.[76]

Dass eine solchen körperlichen Untersuchung durchaus schicklich sein kann, beweist er mit einem Hinweis auf eine Bibelstelle: Dtn 22.13 – 21 werde schließlich auch eine solche Untersuchung gefordert. Anschließend – jetzt spricht er wieder als Arzt – erklärt er die Anatomie des Hymens und weist dar-

---

76 Weyer, *De praestigiis*, Buch III, Kap. 20, S. 199.

auf hin, dass Dämonen und Teufel als körperlose Wesen keine „*membra genitalia*" und kein Sperma hätten.[77]

Das gleiche gilt für Weyers Auseinandersetzung mit der Behauptung, Hexen würden auf dem Friedhof Kinderleichen ausgraben, weil sie Leichenteile für ihre Hexereien verwenden wollten. Unsinn, sagt er, denn würde man die betreffenden Gräber öffnen, dann lägen die Kinderleichen sicher noch völlig unversehrt drin. Überhaupt traut er den Frauen solche unmenschliche Taten nicht zu. Dergleichen sei so

> gar vnmenschlich erschröckenlich / grawsam vnnd vngleublich / dass / wenn ichs schon mit meinen leiblichen augen gesehe / ich viel mehr gedencken würde / sie hetten mir mit einem betrieglichen vorschwebenden bild des erschröcklichen spectackels / mein Gesicht verzäubert vnnd verblendet.[78]

Dass hier sehr richtige Ansätze vorliegen, dürfte klar sein. Und doch steckt auch im obigen Zitat schon ein Element, dass das ganze Werk des Johann Weyer durchzieht: nämlich sein eigener Glaube an Teufel und Dämonen, also auch an Hexerei. Denn wer sonst soll die optische Wahrnehmung des Betrachters so verzaubert und verblendet haben, dass er etwas sieht, was gar nicht stattgefunden hat?

Vielleicht aufgrund seiner praktischen Tätigkeit als Arzt erkennt Johannes Weyer durchaus, dass die Hexen die ihnen zugeschriebenen Taten nicht begangen haben können, weil er ihnen einfach nicht zutraut, über solche Kenntnisse und Kräfte zu verfügen. Doch er bezweifelt nicht, dass nicht der Teufel

---

77 Weyer, *De praestigiis*, Buch III, Kap. 20, S. 200f. und Kap. 21, S. 203; an einer anderen Stelle bringt er das etwas kindische Argument, Hexen könnten keinen Teufelspakt abschließen, weil der Teufel als Geistwesen den Pakt nicht per Handschlag besiegeln könne (Buch II, Kap. 3, S. 150).
78 Weyer, *De praestigiis*, Buch III, Kap. 4, S. 152.

seine Hand im Spiel haben könnte, der die Hexen hinters Licht führen und ihnen allerhand Geschehnisse vorspiegeln könne:

> Daher denn auch wirdt heiter vnnd offenbar werden / dass der mehrertheil stücken / so bißher den hexen / sind zugeschrieben worden / vnd sie auch selbst / vorab so man sie peinlich gefragt / bekennt vnnd verjähen haben / dieweil sie nicht wol bey jhnen selbst / vnd die Virtus imaginatiua oder vorbildung / vom Teuffel verruckt / nit der Hexen / sondern deß Sathans werck sind.[79]

Das ist richtig und zugleich gefährlich. Richtig, weil die als Hexen Angeklagten entlastet werden, gefährlich, weil man Johannes Weyer so verstehen kann, als ob er die Hexen als Werkzeug des Teufels bezeichnen würde, also als Menschen, die, wenn sie schon keine regelrechten Teufelsbündner sind, so doch im Dunstkreis des Teufels agieren.

Wenn es aber so ist, dass „alle ire thaten / so ausserhalb der natur / nicht mehr denn falscher wahn vnnd träum"[80] sind, dann steht selbstverständlich auch die Realität des Hexenfluges zur Disposition.

Weyer kennt Rezepte von Hexensalben, von sogenannten Flugsalben, und er hat diesbezüglich Erkundigungen eingezogen.[81] Und wieder will er die Frage mit einem praktischen Experiment überprüfen. Was liegt näher, als eine Frau, die vorgibt, sich damit auszukennen, bei ihrem Hexenritt zu beobachten? Das klingt dann so:

> Als ich nun solchen dingen mit gantzem fleiß ein scharpffes nachgedencken hatt (denn daß ich eben die warheit bekenn und verjähe / so hab ich selbst in der sach gezweiffelt) ist mir ein

---

79 Weyer, *De praestigiis*, Buch III, Kap. 3, S. 149f.
80 Weyer, *De praestigiis*, Buch III, Kap. 4, S. 152.
81 Weyer, *De praestigiis*, Buch III, Kap. 17, S. 192f.

alte Vettel an die handt gestossen (dere nemlich eine / welche in Lateinischen Zungen einem Nachtvogel nach / dieweil sie / als man vermeint / den jungen Kindern nächtlicher weise das Blut außsaugen / Striges genennt werden) die hat mir freywilliglichen zugesagt und versprochen / sie wölle mir in eyl vber meine fragen guten bescheidt bringen: Heisset derhalben mich vnnd alle die so bey mir waren / hinauß gehen. Nachdem sie nun außgezogen / hat sie sich gantz vnd gar / ich weiß nicht mit was Salben / geschmieret / welches vns denn durch ein spältlein der Thüren wol ist zusehen gewest. Also ist sie auß krefftiger wirckung der schlaffendmachenden Salben zu boden gefallen / vnn in einen tieffen schlaff versuncken. Wir aber sind zugefahren / die Thür geöffnet / vnd jr die haut ziemlich erbehrt[82]. Aber so hart hat sie geschlaffen / daß sie es nicht vmb ein haar empfunden hette. Nach solchem sind wir widerumb hinauß gewichen / der sachen weiters außwarten wöllen. So bald nun der Salbung krafft nachgelassen / ist sie einsmals erwachet / vnn viel seltzamer stemponeyen[83] / wie sie vber Berg vnnd Thal gefahren sey / erzehlet. Wir verneineten es / sie wolt recht haben / wir wiesen jhr die streich[84] / aber es war verloren / in summa / es war bey jhr all vnser fürnemmen vnd handeln / nicht anderst / denn als der in einen kalten Ofen bläst.[85]

Wenn also die Hexe während ihres ganzen angeblichen Hexenrittes nachweislich im Bett gelegen hat, so folgert Weyer, ist auch dies nichts als eine psychische Verirrung. Als gebildeter Arzt diagnostiziert er „Melancholie"[86].

---

82 Sie haben sie geschlagen.

83 Das Wort taucht bei Weyer öfters auf; eigentlich ein Tanz, hier im Sinne von „Fantastereien" – im lateinischen Text steht „deliria".

84 Sie haben sie auf die Spuren der Schläge hingewiesen, die blauen Flecken, wie es im lateinischen Text heißt.

85 Weyer, *De praestigiis*, Buch III, Kap. 17, S. 193.

86 Dazu weiter unten.

Endlich, ist man versucht zu sagen, endlich hat jemand, anstatt nur gelehrte Abhandlungen zu studieren, wie ein guter Naturwissenschaftler die Augen aufgemacht und ist der Sache experimentell auf den Grund gegangen. Ein wenig Vernunft – und schon fliegt das ganze verkehrte Wesen fort. Ist das nicht der Sieg der Empirie über den Aberglauben?

Aber leider ist es mit Weyers Experiment nicht weit her. Schon um 1500 ist ein Holzschnitt entstanden, der genau diese Szene mit dem Blick durchs Schlüsselloch zeigt,[87] und schaut man nur ein wenig genau hin, so gibt Johannes Weyer selbst die Quelle an, aus der er den Bericht von dem Experiment ohne wesentliche Änderungen abgeschrieben hat. Der Augenzeuge war nicht er selbst, sondern der neapolitanische Arzt, Naturwissenschaftler und Dramatiker Giovan Battista Della Porta (1535 – 1615), der als einer der ersten im heutigen Sinne naturwissenschaftlich tätig gewesen ist.[88] Die zitierte Stelle stammt aus der ersten Veröffentlichung des Giovan Battista Della Porta, nämlich den *Magiae naturalis sive de miraculis rerum naturalium libri IV* – erschienen 1558, also nur fünf Jahre vor Weyers Buch über die Hexen.[89]

---

87 Der Holzschnitt ist abgebildet in: Richard von Dülmen, *Hexenwelten. Magie und Imagination vom 16. – 20. Jahrhundert*, Frankfurt: Fischer 1987, S. 360.

88 Näheres bei Laura Balbiani, Art. *Della Porta, Giovan Battista*, in: *Lexikon zur Geschichte der Hexenverfolgung*, hg. v. Gudrun Gersmann, Katrin Moeller und Jürgen-Michael Schmidt, in: historicum.net (https://www.historicum.net/purl/45zov/ – abgerufen am 13. 01. 2021).

89 Giovan Battista Della Porta: *Magiae naturalis sive de miraculis rerum naturalium libri IV*, Neapel: Matthias Cancer 1558, Buch II, Kap. 26, S. 102 (Digitalisat bei der Bayr. Staatsbibliothek).

Von einem eigenen, bahnbrechenden Experiment kann bei Johannes Weyer also keine Rede sein, auch der Verweis auf die Melancholie als Ursache stammt schon von Giovan Battista Della Porta.

Della Porta freilich ist erheblich radikaler als Johannes Weyer. Er hat nicht etwa ein Buch über Hexen geschrieben, sondern ein naturwissenschaftliches Werk, in dem Hexen und Hexensalben nur im Zusammenhang mit Träumen vorkommen, nämlich in dem Kapitel, in dem es darum geht, *insomnia clara et iucunda, obscura meticulosaque inducere* – also darum, wie man mit Hilfe der Medizin sowohl helle und erfreuliche, als auch dunkle und schreckliche Träume hervorrufen kann.[90] Davon, dass Della Porta schon im Titel seines Werkes von *magia naturalis* spricht, darf man sich nicht täuschen lassen. Die natürliche, weiße Magie, von der er spricht, hat wenig zu tun mit dem, was wir heute unter Magie verstehen. Ähnlich wie Agrippa geht es ihm nicht um eine wie auch immer geartete übernatürliche Einwirkung auf die Natur, sondern um eine Entschlüsselung der Naturphänomene, und zwar auf eine mechanistisch-rationale Art.

Entsprechend geht Della Porta auch die Sache mit dem Hexenflug medizinisch an, zieht also die Mitwirkung von Dämonen und Teufeln überhaupt nicht in Erwägung. Das war gewagt, so gewagt, dass man versucht ist, von jugendlichem Leichtsinn zu sprechen, war doch Della Porta beim Erscheinen seines Erstlings erst 23 Jahre alt. Er ist deswegen heftig angegriffen worden, so heftig, dass die zitierte Stelle bei allen späteren Auflagen und der von ihm selbst besorgten erweiterten Neuausgabe der *Magiae naturalis* weggelassen worden ist.[91]

---

90 Ebd. S. 100.
91 Nach Laura Balbiani, a.a.O. – Ärger mit der Inquisition hat er auch

Ob Della Porta das Experiment, von dem er spricht, tatsächlich persönlich durchgeführt hat, ist allerdings auch zweifelhaft, denn in seinem Werk finden sich mehrere ähnliche Berichte und Anekdoten,[92] außerdem kannte er[93] die schon 1525 in Venedig erschienene und weit verbreitete Abhandlung *Quaestio de strigibus et lamiis* des dominikanischen Inquisitors Bartholomo de Spina (ca. 1475 – 1546), die manchmal als „neuer Hexenhammer" bezeichnet worden ist. Bartholomäus de Spina berichtet von einem jungen Prinzen, der als Experiment eine der Hexerei beschuldigte Frau dabei beobachtet hat, wie sie sich mit einer Hexensalbe eingerieben hat und sich sicher gewesen ist, dass die Frau anschließend ihr Bett nicht verlassen hat.[94]

Beide, Della Porta und Weyer, haben Rezepte von Hexensalben überliefert[95], aber beide haben wahrscheinlich die Wir-

---

bekommen, allerdings nicht wegen der *Magia naturalis*, sondern wegen eines Buches über Physiognomie; vgl. Raffaella Zaccaria, Art. *Della Porta, Giovambattista*, in: *Dizionario Biografico degli Italiani* - Volume 37 (1989) – https://www.treccani.it/enciclopedia/giovambattista-della-porta_ (Dizionario-Biografico) – abgerufen am 12. 02. 2021.

92 Nach Laura Balbiani, a.a.O.

93 So Klaus-Bernward Springer, Art. *Spina, Bartolomeo de*, in: *Lexikon zur Geschichte der Hexenverfolgung*, hg. v. Gudrun Gersmann, Katrin Moeller und Jürgen-Michael Schmidt, in: historicum.net (https://www.historicum.net/purl/45zu3/ – abgerufen am 21. 01. 2021).

94 Bartholomäus de Spina, *Quaestio de strigibus*, Rom 1576, Kap. 2, S. 4 (Digitalisat bei der bayr. Staatsbibliothek) – er berichtet davon allerdings nur, um die Ansicht des Prinzen anschließend mit zahlreichen Argumenten zu widerlegen. Auch der „Hexenhammer" kennt eine solche Salbe, bei der gekochtes Kinderfleisch nicht fehlen darf – Hexenhammer Bd. 2, Quaest. 1, Kap. 3, S. 34.

95 Zu den Hexensalben und ihrer angeblichen oder tatsächlichen Wirkung gibt es inzwischen eine kaum noch zu überblickende Literatur. Ein Überblick bei Christa Agnes Tuczay, *Ekstase, Mystik, Drogen*, in: Peter

kung solcher Salben nicht selbst untersucht. Weyer zitiert in dem Zusammenhang Gerolamo Cardano (=Hieronymus Cardanus 1511 – 1576), einen italienischen Arzt, Mathematiker und Astrologen, dessen enzyklopädisches Werk *De subtilitate* 1550, also nur ein paar Jahre vorher, erschienen ist.[96] Im 18. Buch dieses viel gedruckten und gelesenen Werkes findet sich ein recht abenteuerlich anmutendes Rezept für eine Hexensalbe, zu dessen Ingredienzien Knabenfett gehört. Cardano geht es allerdings nicht um Hexen, sondern er will erklären, wie Alpträume zustande kommen.[97] Wenig später erwähnt Gerolamo Cardano – ein genialer Kopf, der allerdings immer wieder, oft vergeblich, gegen seine ruinöse Spielsucht gekämpft hat[98] – dass vielleicht doch Dämonen etwas mit der Sache zu tun haben könnten.[99]

Gerolamo Cardano war ein genialer Mathematiker, aber auch recht chaotisch. Ob und inwieweit er an den Einfluss von Dämonen und Geister geglaubt hat, ist schwierig zu sagen. Vielleicht hatte er auch einfach Angst, klar Stellung zu beziehen.

Dinzelbacher (Hg.), *Mystik und Natur. Zur Geschichte ihres Verhältnisses vom Altertum bis zur Gegenwart*, Berlin, New York: de Gruyter 2009, S. 175ff.

96 Hieronymus Cardanus, *De subtilitate libri 21*, Nürnberg: Joh. Petreius1550 ; Johannes Weyer, *De praestigiis*, Buch III, Kap. 17, S. 193.

97 Cardanus, *De subtilitate*, S. 354.

98 Er hat zeitweise versucht, seine Familie mit Glücksspiel und dem Stellen von Horoskopen über Wasser zu halten. Seine Spielsucht hatte allerdings auch einen mathematischen Ertrag, denn er schrieb ein Werk über Wahrscheinlichkeitsrechnung. Vgl. zu seinem Leben auch: Giuliano Gliozzi, Art. *Cardano, Gerolamo.*, in: Alberto M. Ghisalberti (Hg.), *Dizionario Biografico degli Italiani* - Volume 19 (1976) – https://www.treccani.it/enciclopedia/gerolamo-cardano_(Dizionario-Biografico) – abgerufen am 12. 02. 2021.

99 Cardanus, *De subtilitate*, S. 358.

Als Arzt war er in ganz Europa bekannt, mehrere Herrscher wollten ihn als Hofarzt anstellen, später hatte er eine Professur in Bologna – und war immer wieder umstritten. Ein Inquisitionsprozess ging zu seinen Gunsten aus, aber er musste öfters versichern, fest auf dem Fundament des christlichen Glaubens zu stehen – ein schwieriges Unterfangen, denn die Astrologie, auf die er große Stücke hielt, galt seit alters als häretisch.

5.

Die Realität des Hexenfluges: De Spina, Molitor, Ponginibbi, Grillando, Alciato, Vignati

Man kann sich fragen, wieso die Frage nach der Realität des Hexenfluges so wichtig war. Warum haben sich gerade in der Zeit der beginnenden Hexenverfolgungen viele Autoren damit beschäftigt? Handelt es sich dabei nicht um ein eher skurriles Detail?

So könnte es von heute aus scheinen. Für das 15. und 16. Jahrhundert handelte es sich dabei allerdings um eine entscheidende theologische und juristische Frage. Um das zu verstehen, muss man ins 10. Jahrhundert zurückgehen, zu Regino von Prüm und dem *Canon episcopi*.

Bei dem *Canon episcopi* handelt es sich um eine Sammlung kirchenrechtlicher Vorschriften, die Regino von Prüm (ca. 840 – 915), der Abt der Benediktinerabtei von Prüm, im Jahre 906 zusammengestellt hat. Dem *Canon episcopi* wurde über Jahrhunderte eine hohe Autorität zugesprochen, da allgemein geglaubt wurde, die Vorschriften würden schon aus dem 4. Jahrhundert stammen, sie seien ein Beschluss des Konzils von Ancyra – das es allerdings nie gegeben hat. So wurden die Texte dann in die maßgeblichen Kirchenrechtsquellen aufgenommen, wie etwa in das in der Mitte des 12. Jahrhundert zusammengestellte und für lange Zeit maßgebliche *Corpus Gratiani*.[100] Um das, was im

---

100   Vgl. Werner Tschacher, *Der Flug durch die Luft zwischen Illusionstheorie*

Canon episcopi stand, kam also niemand herum, der auf dem Boden des Christentums stehen wollte.

In Buch 2, Kapitel 371 geht es um Frauen, „*quae cum daemonibus se dicunt nocturnis horis equitare*", die also sagen, sie würden nachts mit Dämonen ausreiten:

> Auch dies darf nicht übergangen werden, dass einige verruchte, wieder zum Satan bekehrte Frauen von den Vorspiegelungen und Hirngespinsten böser Geister verführt sind und glauben und behaupten, sie ritten zu nächtlicher Stunde mit Diana, der Göttin der Heiden, und einer unzähligen Menge von Frauen auf gewissen Tieren und legten in der Stille der tiefen Nacht weite Landstrecken zurück und gehorchten ihren (Dianas) Befehlen wie denen einer Herrin und würden in bestimmten Nächten zu ihrem Dienst herbeigerufen.[101]

Lassen wir die völlig ungeklärte Frage, ob die genannten heidnischen Riten damals tatsächlich noch im Volk verbreitet waren, einmal außer acht. Im Zusammenhang mit den Hexenprozessen ist nur entscheidend, dass der *Canon episcopi* davon ausgeht, dass die Frauen nicht wirklich geflogen sind, sondern der Teufel ihnen nur vorspiegele, sie könnten nachts durch die Luft fliegen. *Phantasmata*, sagt der Text, alles nichts als Illusionen, die der Teufel sich einfallen lässt, um die Frauen zur Verehrung heidnischer Gottheiten zu verführen. Und wer an so etwas glaubt, ist nicht wegen des Hexenfluges, den es ja nicht

---

und Realitätsbeweis. Studien zum sog. Kanon Episcopi und zum Hexenflug, in: *Zeitschrift der Savigny-Stiftung für Rechtsgeschichte* Bd. 116 = Kanonistische Abteilung Bd. 85 (1999) S. 225 – 276.

101 Zitiert nach der Edition von Wilfried Hartmann, *Das Sendhandbuch des Regino von Prüm* (= Ausgewählte Quellen zur deutschen Geschichte des Mittelalters Bd. 42), Darmstadt: Wissenschaftliche Buchgesellschaft 2004, S. 420 – 423.

gibt, zu bestrafen, sondern weil er vom rechten Glauben abgefallen sei, freilich in einem besonders schweren Fall.

Deshalb werden mit solchen Dingen konfrontierte Bischöfe und ihre Beauftragten ermahnt, die Übeltäter wegen ihrer Sünden aus den Pfarreien auszuschließen. Das zur Zeit der Hexenprozesse gültige Kirchenrecht plädiert also dafür, eine relativ hohe Kirchenstrafe zu verhängen, denn der Ausschluss aus der jeweiligen Kirchengemeinde kommt in der fraglichen Zeit de facto einer Vertreibung aus dem Dorf oder der Stadt gleich.

Es spielt also hier auch der oben erwähnte Gedanke eine Rolle, dass es darum geht, die Gemeinschaft der Christen von solchen als schädlich angesehenen Mitgliedern zu reinigen. Mit der Vertreibung, die wohl im Falle von Buße und Umkehr auch wieder rückgängig gemacht werden kann, ist die Sache aber ausgestanden. Von einer Übergabe an die weltliche Gerichtsbarkeit oder gar einer Hinrichtung ist nicht die Rede.

Wer also als Hexen bezeichnete Frauen und Männer von weltlichen Gerichten verurteilen lassen wollte, der musste entweder dem *Canon episcopi* widersprechen – was kaum denkbar war – oder nachweisen, dass es sich um ein anderes Phänomen als das im *Canon episcopi* gemeinte handele, nämlich um Menschen, die mit Teufels Hilfe tatsächlich *corporaliter* durch die Luft fliegen können.

Alle, die an Hexenflug und Hexensabbat gezweifelt haben, hatten also mit diesem maßgeblichen kirchenrechtlichen Text ein wichtiges Argument auf ihrer Seite. Dergleichen konnte man etwa in dem *Fortalitium Fidei* (Festung des Glaubens) des 1491 gestorbenen Franziskaners Alphonso de Spina lesen, ein Werk, das Weyer gekannt und im Kap. 11 zustimmend zitiert hat, oder in *De lamiis et phitonicis mulieribus* (Von Hexen und Zauberinnen), ein in Dialogform geschriebenes Gutachten, das der

Konstanzer Jurist Ulrich Molitor (1442 – 1507) für den (Erz-) Herzog Siegmund von Tirol verfasst hat, einen Förderer humanistischer Literaten.

Bei Molitor ist in diesem Zusammenhang vor allem die fünfte Frage interessant: „Ob die hexen künden auff ainem gesalbten stecken oder auff ainem wolff reiten zu ihrem wollust."[102] Das Kapitel beginnt mit der These, dass Teufel und Dämonen deswegen die Hexen nicht *corporaliter* durch die Luft befördern können, weil sie als reine Geistwesen keine Menschen tragen könnten. Dann werden einige Bibelstellen betrachtet, die von ähnlichen Vorgängen berichten, und recht ausführlich von einem Hexenprozess berichtet, an dem Ulrich Molitor selbst teilgenommen hat. Und obwohl es in diesem gründlich geführten Prozess einige Aussagen gegeben hat, die die Realität des Hexenfluges bezeugen, kommt Molitor zu dem Schluss, auch wenn „der gemain man" das Gegenteil behaupte, der *Canon episcopi* habe festgestellt, es handele sich um bloße Einbildung, also, so Molitor, ist das auch so.

Wer allerdings jetzt meint, damit wäre den angeklagten Frauen irgendwie geholfen, der hat die Abhandlung *De lamiis et phitonicis mulieribus* nicht bis zum Ende gelesen. Als es im abschließenden 8. Kapitel darum geht, „ob man solliche böse weiber

---

102 Alle Zitate nach der unpaginierten Ausgabe Augsburg: J. Otmar 1508 (Digitalisat bei der Badischen Landesbibliothek Karlsruhe). – Zu Molitor vgl. Jens Geiling und Thomas Gawron, Art. *Molitor, Ulrich*, in: *Lexikon zur Geschichte der Hexenverfolgung*, hg. v. Gudrun Gersmann, Katrin Moeller und Jürgen-Michael Schmidt, in: historicum.net (https://www. historicum.net/purl/45zsh/) und Matteo Duni, *Doubting Witchcraft*, S. 219 – 222; Duni beleuchtet vor allem, dass Molitor die Behauptung zurückgewiesen hat, Dämonen könnten beim Geschlechtsverkehr mit den Hexen Kinder zeugen, was beispielsweise der „Hexenhammer" für eine Tatsache hält.

in dem kaiserlichen rechten müge verdammen vnnd tötten", da wiederholt Molitor im Unterpunkt vier zwar noch einmal seine These, dass es sich bei dem ganzen nur um Vorspiegelungen des Teufels handele. Doch wenn und weil die Fantasien der Frauen auf einem Teufelsbund beruhen, sind sie als Ketzer zu betrachten:

> (…) solich böße weiber von ir abtrünnigkait vnnd ketzerey, auch von ires verkerten willes wegen, die dann also von vnserm allermiltesten got seien gewichen, vnnd sich dem teüffel haben ergeben, vnnd dem nach auß kaiserlichen rechten sol vnd mag man sy tötten, vnd diß stat geschriben im kayserlichen rechtbuch Codice de maleficis et mathematicis, lege multi.

Für die Rechtspraxis ergibt sich für Siegmund von Tirol folgendes Fazit aus diesem Gutachten: Ganz gleich, zu welchem Ergebnis Verhör und Zeugenaussagen führen, ob die der Hexerei Beschuldigten nun wirklich geflogen sind oder ob sie sich das alles nur eingebildet haben, die Todesstrafe ist immer angemessen, da es nur auf den Teufelsbund und den Vorsatz ankommt.

Alphonso de Spina wiederum wollte in erster Linie zeigen, welche Macht Teufel und Dämonen besitzen. Das Teufelsheer ist für ihn einer der fünf Hauptfeinde des Christentums, weshalb er diesem Gegner eins von fünf Büchern seiner „Festung des Glaubens" widmet. Über Hexen schreibt er:

> Derhalben ist zu wissen / dass etliche Menschen abtrünnig vom Glauben sind / falsche Ketzer / die sich williglich dem Teuffel anbieten / welcher sie auch gerne aufnimpt vnd lehrt betrogene künst / durch welche sie vermeinen ein mail zweyhundert dahin zufahren / vnd innerhalb vier oder fünff stunden wiederumb daheim zu seyn.[103]

---

103 Alphonso de Spina, *Fortalitium fidei contra iudeos saracenos aliosque christiane fidei inimicos*, Buch 5, Nürnberg: Anton Koberger 1494, S. 284 (Digitalisat

Der gelehrte Bischof und Abt des Franziskanerklosters in Salamanca hat einen anderen Ansatz als Weyer, die einzige Gemeinsamkeit ist, dass beide davon ausgehen, dass der Hexenflug nicht realiter stattfindet. Alphonso de Spina möchte die Macht des Teufels zeigen und nicht etwa die Hexen gegen Anschuldigungen in Schutz nehmen, entsprechend nennt er sie in Übereinstimmung mit dem *Canon episcopi* „menschen, die abtrünnig vom Glauben sind" und „falsche Ketzer". Und wenn er im gleichen Zusammenhang eine Hexensalbe erwähnt, dann nicht, um den Hexenflug pharmakologisch zu erklären. Die Salbe ist bei ihm eine bloßes Zeichen, mit die Hexen den Teufelspakt besiegeln: Mit „etwas worten vnd salbungen" übereignen die Frauen sich dem Teufel, behauptet er.[104]

Alphonso de Spina war kein Frühaufklärer. Zu den Feinden des christlichen Glaubens, gegen die sich seine „Festung" richtet, zählen die Juden. Eins von fünf Büchern seiner „Festung des Glaubens" sammelt Argumente gegen die Juden. In diesem Zusammenhang gibt er viele antisemitische Fabeln wieder, beschuldigt die spanischen Juden des Ritualmordes, was zu diversen Prozessen führte.

Wie weiter oben kurz erwähnt, gehörte zu den Quellen des Johannes Weyer auch eine Schrift des Juristen Giovanni Francesco Ponginibbi (=Ponzinibius), ein Mann, über den

---

bei Google Books). Das obige Zitat ist in der etwas freien, aber nicht sinnentstellenden Übersetzung von Weyer, *De praestigiis*, Kap. 11, S. 168 wiedergegeben. Zu Alphonso de Spina (=Alonso des Espina) allgemein siehe den Artikel *Alonso des Espina* in der spanischen Wikipedia – https://es.wikipedia.org/wiki/Alonso_de_Espina – abgerufen am 01. 12. 2020; dort auch weitere Literatur zu seinem Antisemitismus.

104 Alphonso de Spina, *Fortalitium fidei*, S. 284 bzw. bei Weyer, *De praestigiis*, S. 168.

nicht viel bekannt ist, außer dass um 1511 von ihm der *Tractatus de lamiis* erschienen ist.[105]

Ponginibbi gehört zu denen, die darauf beharren, dass Hexen nicht fliegen können. Seine Argumentation beruht aber nicht auf Zeugenaussagen oder gar persönlichem Augenschein, eher auf dem gesunden Menschenverstand. Er diskutiert die Frage sorgfältig, untersucht auch die vertracktesten Argumente und beruft sich am Schluss auf zwei Bibelstellen, auf die Vision des Ezechiel (Ez 40ff.) und auf eine Stelle im zweiten Korintherbrief (2 Kor 12.2f.). Wenn es bei Ezechiel heißt, Gott habe ihn in dem zukünftigen Neuen Jerusalem herumgeführt, so sei doch aufgrund von Ez 40.1 völlig klar, dass es sich dabei um eine Vision und nicht um eine körperliche Reise handele. Paulus hingegen sagt, er wisse nicht genau, ob er mit seinem Körper ins Paradies entrückt worden ist oder ohne. Nur Gott wisse das. Interessant, wie Ponginibbi mit der für Skeptiker sehr schwierigen Stelle Math 4.5 umgeht: Da schreibt Matthäus, der Teufel habe Jesus auf die Zinne des Tempels gestellt. Ist das nicht ein Beweis dafür, dass der Teufel Körper durch die Luft tragen kann?

Ponginibbi mogelt sich um diese Konsequenz herum. Was Matthäus da berichtet, sei eine absolute Ausnahme, schreibt er. Gott habe dem Teufel die Erlaubnis gegeben, seinen Sohn

---

105 Die Erstausgabe, die 1511 in Pavia bei J. Pocatela da Burgofranco gedruckt worden ist, ist wie der Nachdruck von 1513 äußerst selten und lange Zeit übersehen worden, so dass man oft das Jahr 1520 als Entstehungszeit findet. Dazu genau: Matteo Duni, *La Caccia alle Streghe e i dubbi di un giurista: il De lamiis et excellentia utriusque iuris di Giovanfrancesco Ponzinibio (1511)*, in: *La centralità del dubbio. Fonti classiche e sviluppi dello scetticismo nell'età moderna*, Florenz: Olschki 2011, S. 7 mit Anm. 10 und 11; dort S. 8f. die wenigen bekannten Details zur Biographie von Ponginibbi.

durch die Luft zu tragen, aber man solle sich doch nicht einbilden, Gott würde dem Teufel erlauben, irgendwelche alte Frauen durch die Luft zu tragen.[106]

Geschichten über reale Hexenflüge, darin ist sich Weyer mit Ponginibbi einig, sind nichts als „eitel tauben vnd lauter phantaseyen"[107], der Meinung sei schließlich auch Grillandus.

Hier blufft Weyer ein wenig, denn wenn er sich auf Paolo Grillando (Grillandus) beruft, einen um 1490 geborenen italienischen Juristen, von dem man kaum mehr weiß, als dass er im Auftrag des Papstes an Hexenprozessen beteiligt war, dann ist das nicht ganz korrekt. Paolo Grillando widmet in seinem 1536 erstveröffentlichten und öfters nachgedruckten *Tractatus de hereticis et sortilegiis omnifariam coitu eorumque poenis* (Traktat über Ketzer, Hexen, über ihren vielseitigen Geschlechtsverkehr und ihre Bestrafung) ein ganzes langes Kapitel der Frage, ob Hexen tatsächlich fliegen können.[108] Aber nur am Anfang vertritt er unter Berufung auf Thomas von Aquin und den *Canon episcopi* die These, der Hexenflug sei nur eine Vorspiegelung des Teu-

---

106 Ähnliche Argumente finden sich bei Molitor, vgl. Matteo Duni, *Doubting Witchcraft*, S. 219 – 222.

107 Ponzinibius, *Tractatus de Lamiis*, 49 zitiert nach Weyer, *De praestigiis*, S. 169. Die Argumentation des Ponginibbi hat analysiert: Siegfried Leutenbauer, *Hexerei- und Zauberdelikt in der Literatur von 1450 – 1550*, Berlin: Schweitzer 1971, S. 30 – 32. Ein Auszug bei Hansen, *Quellen*, Bd. 2, S. 313 – 317. Eine gute Darstellung auch bei Matteo Duni, *Lawyers versus inquisitors. Ponzibio's De lamiis and Spina's De Strigibus*, in: Jan Machielsen (Hg.), *The Science of Demons. Early Modern Authors Facing Witchcraft and the Devil*, London: Routledge 2020 (online bei Google Books ohne Seitenzahlen).

108 Paolo Grillando, *Tractatus de hereticis et sortilegiis omnifariam coitu eorumque penis*, Buch II, Quaestio VII, Kap. 17, Lyon: J. Giunta 1535 (Digitalisat bei Google Books), Seite 34ff.

fels, eine Meinung, die er mit einem recht interessanten Beispiel aus einem Hexenprozess untermauert:

> Ein Mann nämlich habe seine Ehefrau im Verdacht gehabt, mit anderen Frauen nachts zum Hexensabbat zu fliegen. Er habe sich deswegen zwölf Nächte lang auf die Lauer gelegt, seine Frau aber sei stets in ihrem Bett geblieben. Nicht viel später habe eine Frau vor Gericht gestanden, sie sei unter anderem mit der Ehefrau des erwähnten Mannes öfters zum Hexensabbat geflogen. Der Richter ließ sich den genauen Zeitpunkt angeben. Der Ehemann aber hat unter Eid ausgesagt, seine Frau könne unmöglich zum Hexensabbat geflogen sein, weil er sie doch in der fraglichen Nacht beobachtet hatte.[109]

Doch anschließend folgt in dem Traktat des Grillando ein langer, langer Disput über die Ansichten der üblichen biblischen und theologischen Autoritäten.[110] Aber er belässt es nicht dabei, sondern argumentiert auch mit selbst erlebten Fällen. So habe er beispielsweise Anfang 1524 in der Nähe von Rom lange mit zum Tode verurteilten Hexen gesprochen und sei zu dem Schluss gekommen, dass die Frauen tatsächlich *corporaliter* zum Hexensabbat geflogen sind. Die Überlegungen enden damit, dass der Autor einen körperlichen Flug zum Hexensabbat nicht mehr ausschließt.

Damit ist er nicht viel weiter als der „Hexenhammer". Heinrich Kramer kennt selbstverständlich auch den *Canon episcopi* und weist auf die dort vertretene Meinung hin. Zur Widerlegung zieht er dann einige Autoritäten wie Wilhelm von Au-

---

109 Sinngemäß wiedergegeben nach Grillando, *Tractatus*, S. 35.
110 Hansen, *Quellen*, Bd. 2, S. 340 Anm. 1 meint, dass Grillando die von ihm als Beleg herangezogenen Stellen bei Augustinus, Thomas von Aquin und Bonaventura einfach erfunden hat.

vergne (ca. 1180 – 1249)[111] heran, der allerdings gar nicht von Hexen, sondern von Kindern berichtet, die von Dämonen vertauscht worden sein sollen, und den Benediktiner Petrus Damiani (ca. 1006 – 1072), von dem er (aus zweiter Hand) eine Geschichte von einem fünfjährigen Jungen übernimmt, der nach eigenen Angaben nachts durch die Luft geflogen sein soll.[112] Ob dem Heinrich Kramer das selbst nicht allzu überzeugend geklungen hat? Er führt jedenfalls noch zwei Beispiele aus seiner Zeit an. Das erste stammt nicht aus seinem eigenen Erleben, doch zwei Augenzeugen haben ihm versichert, wie ein Mann durch die Luft geflogen sein soll. Ganz ohne Folter, ganz ohne Hexenprozess sollen sie das ausgesagt haben. Ob sie aber bei Sinnen gewesen sind, darf bezweifelt werden: Der Vorfall hat sich nämlich bei einem Besäufnis zugetragen und der Mann ist durch die Luft geflogen, um eine weitere Runde Bier heranzuschaffen. Beim zweiten Beispiel handelt es sich wohl um Aussagen aus einem zeitgenössischen Hexenprozess. Eine Frau soll, um Hagel herbeihexen zu können, durch die Luft auf einen Berg geflogen sein. Hirten wollen sie beobachtet haben, gehagelt hat es tatsächlich, die Hexe gesteht (unter Folter?) und wird verbrannt.[113]

Der „Hexenhammer" beruft sich also auch auf Erfahrungen, auf Beobachtungen, wenn er zu dem Schluss kommt, natürlich gebe es das, wovon der *Canon episcopi* spricht, dass nämlich Frauen sich nur einbilden, durch die Luft zu fliegen. Aber es gebe halt auch den anderen Fall: Eine Hexe aus Breisach – und damit zieht er noch einen Trumpf aus dem Ärmel – habe ihm

---

111 Vgl. oben Anm. 157.
112 Hexenhammer, S. 30.
113 Ebd. S. 34f.

persönlich bei einer Befragung gestanden, sie könne beides: In der Fantasie zum Hexensabbat fliegen und auch tatsächlich fliegen.[114] Es gibt solche und solche Hexen – so einfach ist das mit dem Hexenflug.

Was man mit ein wenig Naivität für eine liberale Haltung gegenüber Hexenflug und Hexensabbat halten könnte, war tatsächlich verhängnisvoll. Denn erstens war damit eine Möglichkeit eröffnet, die Bestimmungen des *Canon episcopi* gelten zu lassen, die Angeklagten aber trotzdem zu verurteilen, da es sich um Hexerei einer neuen, einer anderen Qualität handele, eine Qualität, die dem *Canon episcopi* zu seiner Zeit entweder noch nicht bekannt gewesen ist oder die er nur nicht erwähnt hat. Zum zweiten ist mit der These, es gebe solche und solche Hexen, allen Kritikern der Hexenprozesse, die sich auf ihre eigenen Beobachtungen oder Experimente berufen, von vornherein der Boden entzogen: Gut, können Heinrich Kramer und alle, die sich ihm anschließen, sagen: Du hast Zeugen oder warst vielleicht selbst Zeuge einer Szene, bei der Hexen, obwohl sie es behauptet haben, nicht durch die Luft geflogen sind. Kann sein, doch es gibt eben solche und solche. Eine Argumentation, die man ähnlich bis heute überall dort hört, wo bestimmte parapsychologische Phänomene oder sogenannte alternative Heilverfahren wissenschaftlich untersucht werden.

Grillando jedenfalls kommt so wenig wie der „Hexenhammer" aus dem üblichen Gedankengebäude heraus. Er wälzt die Argumente antiker und christlicher Autoritäten hin- und her, entscheidet sich dann aber für die Realität des Hexenfluges, weil Frauen doch selbst behauptet hätten, *corporaliter* zum Hexensabbat geflogen zu sein. Der persönliche Augenschein, die

---

114 Ebd. S. 36.

65

Befragung von Angeklagten und Zeugen, führt eben nicht unbedingt zu neuen Erkenntnissen, erst recht dann nicht, wenn alle Aussagen sich im gleichen Weltbild bewegen.

Ja, genau das Gegenteil kann der Fall sein: So schreibt der sizilianische Bischof Arnaldus Albertini (= Arnau Albertí 1480 – 1544) in seinem *De agnoscendis assertionibus catholicis et haereticis* (etwa: Wie man die Behauptungen von Rechtgläubigen und Ketzern unterscheidet), dass er es für ausgeschlossen gehalten hat, dass Hexen fliegen können, bis ihn Hexenprozesse in Saragossa vom Gegenteil überzeugt hätten.[115]

Ein weiterer italienischer Jurist, der mit Hexenprozessen beschäftigt war und den Johannes Weyer ausführlich zitiert, hat sich etwa zur gleichen Zeit aufgrund eines Hexenprozesses allerdings recht eindeutig auf die Seite derer geschlagen, die den Hexenflug für bloße Einbildung gehalten haben, nämlich der gebildete Humanist Andrea Alciato (1492 – 1550), der in Mailand tätig gewesen ist.[116] In einem Gutachten, das er um 1530 über einen Fall, der sich in einem Alpental zugetragen hat, geschrieben hat, findet sich neben den üblichen Verweisen auf die üblichen Autoritäten ein Hinweis auf ein Gerichtsver-

---

115 Das Werk ist entstanden wahrscheinlich um 1540, Erstdruck erschienen 1554 bei J. M. de Mayda in Palermo. Die Stelle ist abgedruckt bei Hansen, *Quellen*, Bd. 2, S. 349; vgl. Càtedra Màrius Torres, Art. *Albertí, Arnau*, in: *Directori Literari de Ponent. Autors Segles XVI-XVIII*, Universitat de Lleida – http://www.catedramariustorres.udl.cat/espaimt/directori/item.php?acr_item=albe&opcio=vida&tipus=a – abgerufen am 17. 01. 2021.

116 Vgl. Alberto Abbondanza, Art. *Alciato, Andrea*, in: *Dizionario Biografico degli Italiani* - Volume 2 (1960), Textauszüge bei Hansen, *Quellen*, Bd. 2, S. 310 – 312. In den 12 Bänden, die unter dem Titel *Parerga* zwischen 1538 und 1554 in Basel und Lyon gedruckt worden sind, sind diverse Texte und Fragmente von Andrea Alciato gesammelt worden.

fahren: Er hat sich beim Studium der Prozessakten gefragt, ob die Angeklagten das, was sie über den Hexensabbat ausgesagt haben, wirklich bei vollem Bewusstsein erlebt hätten oder ob man ihnen nur in den Mund gelegt hätte, etwas zu bekennen, was sie doch nur geträumt hätten. Für letzteres spricht seiner Meinung nach, dass eine der Frauen berichtet habe, als sie den Namen Jesu ausgesprochen habe, sei der ganze Spuk auf der Stelle vorbei gewesen. Wie, fragt Andrea Alciato, könne das sein, wenn die Angeklagten beim Hexensabbat wirkliche Körper gehabt hätten? Doch damit ist die pragmatische Herangehensweise schon wieder vorbei – es folgen als Belegstellen zahlreiche Beispiele aus der antiken und christlichen Literatur, die vor allem zeigen, dass Andrea Alciato, ein Vertreter der „la più progredita filologia umanistica"[117], also der fortschrittlichsten humanistischen Philologie, antike Autoren wie Plutarch, Vergil und Horaz für Experten in Sachen Hexenflug gehalten hat.[118]

Das Argument, Teufel als reine Geistwesen könnten keine Körper zum Hexensabbat tragen, das wir bei Ulrich Molitor kennengelernt haben, hat dann wenig später der italienische Franziskaner Samuel(e) (de) Cassini (ca. 1450 – 1520) übernommen. In seinem 1505 wahrscheinlich in Pavia gedruckten Werk über die Hexen, der *Question de le strie*, versucht er im scholastischen Stil nachzuweisen, dass Hexen nicht die übernatürlichen Kräfte besitzen, die ihnen manchmal zugeschrieben wurden.[119]

---

117 So Alberto Abbondanza, a.a.O..

118 Man muss nach Matteo Duni dem Andrea Alciato allerdings zugute halten, dass er dafür plädiert hat, Hexen wegen Phantastereien wie dem Hexenflug nicht zu bestrafen; Matteo Duni, Art. *Alciati, Andrea*, in: Richard Golden (Hg.), *Encyclopedia of Witchcraft – the Western Tradition*, Bd. I, Santa Barbara: ABC-Clio 2006, S. 29f.

119 Vgl. Hansen, *Quellen*, S. 262 – 273. Dort auch ein Teilabdruck des sehr

Um mit den einschlägigen Bibelstellen, die von durch die Luft fliegenden Menschen berichten, klar zu kommen, argumentiert Samuel de Cassini, nur mit Gottes Hilfe vermöge der Teufel dergleichen. Gott aber würde so etwas gewiss nicht tun, denn dann würde er ja den Hexen dabei helfen, auf dem Hexensabbat zu sündigen.[120] Das erinnert daran, wie der eben erwähnte Andrea Alciato die Stelle Math 4.5 erklären wollte: Nicht das Geistwesen Teufel, sondern der Heilige Geist habe Jesus auf die Zinne des Tempels getragen. Eine, so kann man sagen, durchaus ehrenwerte, aber etwas einfältige Argumentation, die 1506 der in Pavia tätige Dominikaner Vincenz Dodo in seiner *Apologia contra li defensori delle strie, et principaliter contra Quaestiones lamiarum fratris Samuelis de Cassinis*[121] mit theologischen Argumenten kurzerhand vom Tisch wischt. Denn Gott, so Vincenz Dodo, lässt doch bekanntlich noch viel schlimmere Verbrechen zu als so einen Hexensabbat, das sei eben sein unerforschlicher Ratschluss. In dieser sehr polemischen Schrift berichtet Dodo auch, er habe Samuel de Cassini zu einer Debatte an der Universität Pavia eingeladen. Dieser habe die Herausforderung zunächst angenommen, dann aber aus Angst wieder zurückgezogen.[122] Die Angst war durchaus berechtigt.

---

seltenen Werkes, von dem wohl nur zwei Exemplare erhalten sind.

120 Text bei Hansen, *Quellen*, S. 263f. – auch bei Samuel de Cassini werden wieder die üblichen Bibelstellen diskutiert, der Flug des Simon Magus nicht vergessen und wie schon bei den anderen erwähnten Autoren bildet der *Canon episcopi* ein wichtiges Argument.

121 Erstdruck 1506 bei Bernardinus de Garaldis in Pavia, die Neuauflage Rouen: M. Angier o. J. (ca. 1510) liegt als Digitalisat bei der Österreichischen Nationalbibliothek und bei Google Books vor.

122 Nach Renzo Ristori, Art. *Cassini, Samuele*, in: *Dizionario Biografico degli Italiani* - Volume 21 (1978). Auch das Werk des Vincenz Dodo ist äußerst

Denn erstens hätte er sich mit der geballten Gelehrsamkeit eines führenden Intellektuellen seiner Zeit auseinandersetzen müssen und zweitens hätte er sich als jemand, der den Kampf der Guten gegen das Böse stört, verdächtig gemacht, auf der Seite des Bösen zu stehen.

Wie die juristische Argumentation bei denen, die die Realität des Hexenfluges abgestritten haben, ausgesehen hat, kann man vielleicht am besten anhand des *Tractatus de haeresi* von Ambrogio Vignati (ca. 1395 – 1479) sehen.

Ob die bisher erwähnten Autoren diesen Traktat gekannt haben, ist fraglich. Die Entstehungszeit ist unbekannt; er muss wegen des Todes des Autors im Jahre 1479 schon einige Jahre vor dem „Hexenhammer" entstanden sein, ist aber erst 1581 zum ersten Mal gedruckt worden.[123] Andererseits haben wohl in den Kreisen der oberitalienischen Gelehrten einige Manuskripte zirkuliert.[124]

Ambrogio Vignati war als Doktor beider Rechte fast sein ganzes Leben lang ein hoch angesehener und hochdotierter Professor an der Universität Turin. Ein, wie man heute sagen würde, Top-Jurist, der öfters an wichtigen politischen Verhandlungen teilgenommen und es zu einem erstaunlichen Reichtum gebracht hat.

Bei seiner Abhandlung *De haeresi* handelt es sich um eine der ersten gründlichen juristischen Auseinandersetzungen mit

---

selten; Hansen, *Quellen*, bringt S. 273 – 278 einen Auszug, dort S. 273f. auch das wenige, das über Vincenz Dodo bekannt ist.

123 Ambrosius de Vignate, *Tractatus de Haeresi*, Rom: G. Ferrarius 1581 (Digitalisat bei Google Books).

124 So Paolo di Rosso, Art. *Vignati, Ambrogio*, in: *Dizionario Biografico degli Italiani* - Volume 99 (2020); aus dieser Quelle stammen auch die folgenden biografischen Informationen über Ambrogio Vignati.

der Hexenfrage.[125] Zu welchem Ergebnis er kommt, lässt sich schon vermuten, wenn man erfährt, dass *De haeresi* später in einem Band mit dem „Hexenhammer" gedruckt worden ist.[126]

Man merkt dem Traktat an, dass es sich bei dem Verfasser um jemanden handelt, der juristische Vorlesungen hält, denn man denkt, man habe ein juristisches Lehrbuch in der Hand, ganz so, wie das damals an den berühmten oberitalienischen Universitäten üblich war: Klar gegliedert, durchdacht und logisch werden Pro und Contra erwogen.

So auch bei der Quaestio XII, die der Hexenfrage gewidmet ist. Am Anfang stehen die üblichen Anschuldigungen gegen Hexen, aus denen dann die Frage folgt, ob, wenn Angeklagte oder Zeugen dergleichen vor Gericht aussagen, dies als *possibilia, verisimilia* oder *non credenda* zu bewerten ist, also als möglich, wahrscheinlich oder glaubhaft.[127]

Es folgt ein recht konstruiert wirkendes Fallbeispiel aus der juristischen Praxis, anhand dessen geklärt werden soll, was von den Aussagen der Angeklagten und Zeugen zu halten ist.

Dass es den Bund mit den Dämonen gibt, dafür spricht nach Ambrogio Vignati, dass Augustinus und Thomas von Aquin derlei für möglich halten, und, wichtiger, dass Jesus selbst mit Dämonen gesprochen hat (Mk 5.8–13 und Joh 8.44–45). Und wenn laut Bibel Engel essen und Körper durch die Luft tragen können, wieso dann nicht die Dämonen, die ja nichts anderes sind als gefallene Engel?[128]

---

125 Vgl. Matteo Duni, *Doubting Witchcraft*, S. 216.
126 Nach Hansen, *Quellen*, S. 215.
127 In dem Textauszug, der sich bei Hansen, *Quellen*, findet, auf S. 216.
128 Ebd. S. 216f.

Entsprechend scheint auch der Geschlechtsverkehr mit Dämonen nicht völlig unmöglich zu sein („*non videtur omnino impossibile*"[129]) oder die Verwandlung in Tiere, was dann mit einer langen Reihe von Stellen aus der Bibel und Heiligenlegenden belegt werden soll.

Typisch für solche Texte ist, dass Heiligenlegenden und antike Erzählungen ohne eine Spur des Zweifels als historische Wahrheit gelten. So beruft sich Ambrogio Vignati auch auf Circe, die bekanntlich die Gefährten des Odysseus in Schweine verwandelt hat, und auf die tollen Zaubergeschichten, die man im „Goldenen Esel" des Apuleius lesen kann.[130]

Doch gerade das Beispiel der Circe hat Ambrogio Vignati mit Bedacht gewählt. Dazu hat sich nämlich schon Augustinus geäußert, der sich in *De civitate Dei* (18,18) damit auseinandergesetzt hat und zu dem Schluss gekommen ist, die Geschichte sei „erlogen": Alles, was wir da lesen, bezeichnet Augustinus als Vorspiegelungen des Teufels, die keinerlei Realität besitzen, eine Sicht, für die Ambrogio Vignati noch weitere Autoritäten wie den Kirchenvater Johannes von Damaskus zitiert.[131]

Aber, fragt er sich dann, wie täuschen die Dämonen die Menschen? Mit zwei Methoden: Zum einen greifen sie in die Fantasie der Menschen ein und täuschen ihre Sinne, zum anderen können sie sich auch einen Scheinleib zulegen.

Sein Fazit: Wer an die Realität des Hexenwesens glaubt, ist dumm und ein „unseliger Heide".[132] Das hat Konsequenzen für die Bewertung von Aussagen der Zeugen oder der Ange-

---

129 Ebd. S. 217.
130 Ebd. S. 218.
131 Ebd. S. 221f.
132 Ebd. S. 222.

klagten: Denn wenn sie etwas aussagen, was *impossibile* ist, dann kann das nicht als Beweis dienen, erst recht nicht, wenn sie gefoltert worden sind.[133]

Dass Ambrogio Vignati sich gegen die Folter ausspricht, ist zweifellos zu begrüßen, denn ohne Folter wären die ganzen Hexenprozesse kaum denkbar gewesen.[134] Wer aber nun glaubt, aufgrund dieser Regeln sei den Angeklagten geholfen, der hat sich getäuscht. Der Traktat des Ambrogio Vignati ist, wie gesagt, nicht ohne Grund zusammen mit dem „Hexenhammer" gedruckt worden: Die Realität des Hexenfluges stellt der Autor zwar in Abrede, den Teufelsbund als solchen aber nicht, dieser gilt ihm als glaubhaft. Und so kommt er zu der gleichen Folgerung wie etwas später der Jurist Ulrich Molitor: Hexenflüge gibt es nur in der Fantasie, aber wer sich aufgrund einer glaubhaften Aussage mit Dämonen verbündet hat, der hat den rechten Glauben verlassen, er ist ein Ketzer und als solcher von einem weltlichen Gericht zu bestrafen.

Am Ende all dieser juristischen Überlegungen steht also bei Ambrogio Vignati keine Entlastung des Angeklagten, sondern nach dem gültigen weltlichen Recht die Verurteilung als Ketzer, also je nach Schwere des Falles die Verbrennung und die Konfiskation des gesamten Besitzes.[135]

Man darf nicht meinen, all die Autoren, die um 1500 zum Teil recht umfangreiche Werke über das Hexenwesen verfasst haben, hätten nur einfach das wiedergegeben, was die christli-

---

133 Ebd. S. 223 – 225.

134 Darauf weist zu Recht Matteo Duni, *Doubting Witchcraft*, S. 218 hin.

135 Ebd. S. 227; erstaunlich, dass Matteo Duni dies bei seinen Ausführungen über Ambrogio Vignati nicht erwähnt, siehe Matteo Duni, *Doubting Witchcraft*, S. 216 – 219.

chen Autoritäten gesagt hatten, oder sich nur an dem, was man die „Lehre der Kirche" zu nennen pflegt, orientiert. Es hat sie auch nicht ein tief sitzender Hass auf das weibliche Geschlecht verblendet. Sie haben ernsthaft, so, wie sie es in der scholastischen Tradition gelernt hatten, die verschiedenen Standpunkte sorgfältig dargestellt und gegeneinander abgewogen, die Zeugnisse aus der christlichen Literatur verglichen mit dem, was sie an Überlieferung aus der Antike kannten und zusätzlich Akten von Hexenprozessen studiert.

Wenn sie trotzdem nicht erkannt haben, dass Teufelsbund, Hexenflug und Hexensabbat reine Fantasie sind, oder auf einer Bestrafung der Angeklagten als Ketzer bestanden haben, dann liegt das nicht an mangelndem Willen. Sie waren weder bösartig noch dumm. Sie konnten nicht anders.

Solange man die Bibel überall im wörtlichen Sinne versteht, wird man sich schwer tun mit der Ablehnung des Einflusses von Teufel und Dämonen. Zweitens müssten sie zeigen, dass viele, ja fast alle Kirchenväter und Theologen sich geirrt hatten. Und wer diesen Schritt getan hatte, der stand immer noch vor einer breiten Front von nichtchristlichen Autoritäten. War es denkbar, dass auch antike Autoren, die als Wissenschaftler in höchstem Ansehen standen, nicht ernst zu nehmen waren? Schließlich war da noch der Volksaberglaube. Den über Bord zu werfen, dürfte zwar recht einfach gewesen sein. Aber dann waren da noch die zahlreichen Aussagen von Zeugen und Angeklagten, die die Realität des Hexenwesens zu bestätigen schienen, Frauen, die ganz ohne Folter gestanden haben.

6.

Planetengeister statt Teufel: Paracelsus

Die Säulen, auf denen das Gedankengebäude „Hexerei" ruht, waren, wie wir gesehen haben, nicht so leicht zu erschüttern. So kann es eigentlich nicht verwundern, dass auch Ärzte in der Regel Anhänger des Dämonen- und Hexenglaubens gewesen sind. Paracelsus, der nur etwa 20 Jahre älter als Johannes Weyer war und der heute von manchen als der Vater der „ganzheitlichen" Medizin gepriesen wird, macht da keine Ausnahme. Es lohnt sich, in seine Fragment gebliebene Abhandlung *De sagis et eorum operibus* (Über die Hexen und ihre Taten)[136] zu blicken, und zwar nicht nur, weil sich hier ein Gedankenstrang findet, den man mit etwas gutem Willen „originell" nennen könnte, sondern weil Paracelsus einen Aberglauben durch einen anderen ersetzt, was die Sache leider nicht besser macht.

Paracelsus nämlich verzichtet weitgehend darauf, Hexen der Zusammenarbeit mit Teufeln und Dämonen zu bezichtigen. Das heißt allerdings nicht, dass er die angeklagten Frauen verteidigen würde. Im Gegenteil, Hexen – er spricht immer nur von Frauen – sind seiner Meinung nach grundsätzlich und überall darauf aus, mit verschiedenen Methoden Böses zu tun. Sie seien „neits und untreu vol", getrieben von „neit und haß"[137]. Da kann es nicht verwundern, dass man bei Paracel-

---

136 Paracelsus, *De sagis et eorum operibus*, hg. von Karl Sudhoff, in: *Theophrast von Hohenheim gen. Paracelsus*, Sämtliche Werke, Abt. 1, Bd. 14: *Das Volumen primum der Philosophia magna*, München: Oldenbourg 1933.

137 Paracelsus, *De sagis et eorum operibus*, S. 11.

sus so gut wie alle bekannten Hexenstereotypen findet – von der krummen Nase bis hin zum Flug zum Hexensabbat, ja, er kennt sogar den Namen des Berges, auf dem die Hexen es mit den Teufeln treiben.[138]

Es ist nicht zu übersehen, dass die Darstellung der Hexe bei Paracelsus, der sich übrigens nirgends auf andere Autoren beruft, durchaus frauenfeindlich ist. Hexen erkennt man nach Paracelsus daran, dass sie den Umgang mit Männern meiden, den Geschlechtsverkehr verweigern, „selten kochen, haar, stirn nicht waschen" und „das fleisch" auch nicht.[139] Genug der Stereotypen.

Interessanter sind zwei Gedankengänge, auf denen die gesamte Argumentation in *De sagis et eorum operibus* beruht: Der bestimmende Einfluss der Astrologie und die medizinische Erklärung der von den Hexen verübten Untaten.

Planetengeister und Planetenintelligenzen haben wir schon oben bei Pietro Pomponazzi kennengelernt. Paracelsus nimmt den damals „modernen", weil als naturwissenschaftlich geltenden Gedanken auf und ersetzt Dämonologie durch Astrologie. Die Hexen, so behauptet er, schließen keinen Pakt mit dem Teufel, sondern werden als Hexen geboren. Entscheidend sei, unter welchem Aszendenten eine Frau geboren werde, also welches Tierkreiszeichen zum Geburtszeitpunkt gerade über dem östlichen Horizont aufgeht. Welche Aszendenten da als Grund für Hexerei in Frage kommen, verrät er nicht.

---

138 Paracelsus, *De sagis et eorum operibus*, S. 12 (Nasen); S. 23f. scheint es noch so, als ob nur der „gemein mann" die Sache mit dem Hexenberg glaubt, S. 25f. aber steht es für Paracelsus fest, dass sich die Hexen nachts auf diesem Berg treffen, um sich zu neuen Untaten zu verschwören.

139 Paracelsus, *De sagis et eorum operibus*, S. 12f. und öfters.

Doch er ist sich seiner Sache absolut sicher, der Einfluss des Aszendenten stehe felsenfest, behauptet er, ohne sich um eine Begründung zu bemühen, so felsenfest, wie der Felsen Petrus, auf den Jesus nach Mt 16.18 seine Kirche bauen wollte.

Ein frommer Vergleich. Aber, so fragt man sich, war es Paracelsus nicht bewusst oder gleichgültig, dass er sich mit seiner These vom bestimmenden Einfluss des Aszendenten vom Christentum fort bewegt hat? Die Astrologie ist aufgrund einer Stelle im Brief des Paulus an die Christen in Galatien abgelehnt worden,[140] auf jeden Fall jede Art von Prognostik, die als Wahrsagerei galt und schon im Alten Testament klar verurteilt worden ist (Lev 19.26 u. 31). Das Stellen von Geburtshoroskopen wurde etwas differenzierter gesehen. Dass die Sterne das Schicksal des Menschen festlegen, könnte man noch damit retten, dass man annimmt, Gott lenke eben die Sterne. Doch dass das Schicksal des Menschen mit dem Zeitpunkt seiner Geburt feststeht, das widerspricht als Determinismus oder Fatalismus der Lehre von der göttlichen Gnade und dem freien Willen – Augustinus hat das im 5. Buch von *De civitate Dei* ausführlich diskutiert.

Ob es für Hexen eine Umkehr gibt, eine Möglichkeit, der Kraft des Aszendenten zu entgehen, wird nicht so ganz klar, vielleicht war Paracelsus sich selbst nicht sicher. In seiner kurzen Abhandlung *De daemoniacis et obsessis* – auch das ein Fragment – spricht er wieder vom Teufel und sagt, gegen Besessenheit könne Gebet helfen, aber weder Fasten noch Medizin.[141] Normalerweise jedenfalls verstärkt sich nach Paracelsus der

---

140 So hat man jedenfalls Gal 4.8–10 verstanden.
141 Paracelsus, *De daemoniacis et obsessis*, hg. von Karl Sudhoff, S. 29 – 42 ; hier S. 40f.

Einfluss des Aszendenten im Leben des Betroffenen noch, da der Aszendent den Hexen regelrecht Unterricht im Bösen gebe:

> Also wachsen auch die hexen in der geburt, so der geist, der hexen vater und macher, nicht ausgetrieben wird, so wurzelt es in der hexen so lang, bis er sie underricht.[142]

Wie das „Austreiben" des Geistes, also des Aszendenten, der eine Hexe zu einer Hexe mache, aussehen soll, verrät Paracelsus nicht. Gegen Verhexungen empfiehlt er diverse Methoden von Gegenzauber,[143] den Hexen selbst vielleicht eine medizinische Behandlung. Sie sollten „in die arznei kommen und von denen dingen erlöst werden", schreibt er, und nicht verbrannt werden.[144]

Als Mediziner hat sich Paracelsus in *De sagis et eorum operibus* auch darüber Gedanken gemacht, wie die Hexen es schaffen, ihre Untaten zu begehen. Wenn es um den Besenritt zum Hexensabbat geht, so versichert Paracelsus, dann helfen Mittel wie „kazenschmalz, wolfsschmalz, eselsmilch" nicht, auch der Besen mache es nicht, alles das sei nur Trug,[145] entscheidend

---

142 Paracelsus, *De sagis et eorum operibus*, S. 11.

143 Vgl. Vincenzo Lavenia, Art. *Paracelsus, Theophrastus Bombastus von Hohenheim*, in: Richard Golden (Hg.), *Encyclopedia of Witchcraft – the Western Tradition*, Bd. III, Santa Barbara: ABC-Clio 2006, S. 884 und Peter Mario Kreuter, Art. *Paracelsus (Theophrastus Bombast von Hohenheim*, in: *Lexikon zur Geschichte der Hexenverfolgung*, hg. v. Gudrun Gersmann, Katrin Moeller und Jürgen-Michael Schmidt, in: historicum.net (https://www.historicum.net/purl/45zst/ – abgerufen 6.12.2020). Zur Verstrickung des Paracelsus in den Aberglauben seiner Zeit ausführlich: Karl Möseneder, *Paracelsus und die Bilder. Über Glauben, Magie und Astrologie im Reformationszeitalter*, Tübingen: Niemeyer 2009, bes. S. 148f.

144 Paracelsus, *De sagis et eorum operibus*, S. 13.

145 Ebd. S. 21.

sei der Aszendent.[146] Es wird an der Stelle deutlich, dass für Paracelsus der Aszendent kein abstraktes Prinzip ist, sondern im Grunde das Gleiche wie ein Teufel oder ein Dämon. Nämlich ein Geist, der sich trotz seiner Körperlosigkeit aller möglicher Materie bedienen kann, um zu seinem Ziel zu kommen. So könne der Aszendent sich beispielsweise des Körpers einer Ziege oder eines Hundes bedienen, um mit der Hexe Geschlechtsverkehr zu haben. Die Kinder, die die dabei gezeugt werden, seien dann menschlich-animalische Mischwesen.[147]

Der Aszendent-Geist hat nach Paracelsus die Macht, auf der Ebene der Materie zu wirken. Wie die Hexen mit Hilfe der Macht dieses Geistes Krankheiten im Körper ihrer Opfer erzeugen, erklärt Paracelsus ausführlich. Das Prinzip ist immer das gleiche: Der Geist pflanzt den Opfern kleine geheimnisvolle Partikel unter der Haut ein, ohne die Haut dabei zu beschädigen. Wie ein Mensch, so schreibt Paracelsus, mit seiner Hand einen Stein ins Wasser legen kann, ohne dabei die Oberfläche des Wassers zu beschädigen, so könne der Geist die schädlichen Partikel in den Körper des Menschen einpflanzen.[148] Und wenn er noch hinzufügt, dass die Hexen aufgrund der Kraft des Geistes auch auf eine größere Entfernung Schaden zaubern können, indem sie sich auf ein Abbild des Opfers konzentrieren,[149] dann wird endgültig klar, dass sich hinter dem zauberkräftigen Aszendent-Geist des Paracelsus niemand anderes verbirgt als der gute alte Teufel.

---

146   Ebd. S. 25f.
147   Ebd. S. 23.
148   Paracelsus, *De sagis et eorum operibus*, S. 19f.
149   Paracelsus, *De sagis et eorum operibus*, S. 20.

Was Paracelsus zur Hexenfrage zu sagen hat, ist vielleicht originell, führt jedochnicht aus der von bösen Geistern erfüllten Welt hinaus. Das einzige, was man ihm zugute halten kann, ist, dass er sich dagegen ausspricht, die Angeklagten zu verbrennen. Das ist ein kleiner Schritt, aber ein sehr bedeutender.

Und so abergläubisch die Ansichten des Paracelsus klingen, tatsächlich kommt von der Medizin her frischer Wind in die Sache. Liest man ein längeres Stück von Weyers *De praestigiis*, dann merkt man, dass er schwankt. Aber es finden sich Stellen, an denen er eindeutig als naturwissenschaftlich argumentierender Arzt spricht. So kennt er etwa die halluzinogene Wirkung der Tollkirsche, überliefert Rezepte für tiefen Schlaf und drogeninduzierte Fantasiereisen, auch die Wirkung des Opiums ist ihm nicht unbekannt.[150]

Das ist wichtig. Denn wenn man erkennt, dass hinter dem Hexenwesen Drogen oder psychiatrische Krankheitsbilder stecken, dann lässt sich daraus vor Gericht eine Verteidigungsstrategie ableiten, die letztlich darauf hinaus läuft, die Angeklagten als unzurechnungsfähig und damit strafunfähig darzustellen, und zwar selbst dann, wenn die Menschen selbst davon überzeugt sind, durch die Luft fliegen und an einer Teufelsorgie teilnehmen zu können. Doch der Weg zu solch einer Position war weit.

---

150 Weyer, *De praestigiis*, Buch III, Kap. 17, S. 194 (Halluzinogene und Tollkirsche) und Kap. 18, S. 195ff. (Opium).

7.

Melancholie:
Hexerei als psychiatrisches Phänomen

Einen Hebel, um die festgefahrene Theologische und juristische Diskussion aufzubrechen, scheint die Medizin zu bieten. Aber gerade dann, wenn man medizinisch argumentiert hat, wenn man von den praktischen Erfahrungen eines Arztes ausgegangen ist, dann hat man sich auf ein gefährliches Terrain begeben. Man kann das beispielsweise daran zeigen, wie Johannes Weyer gegen die „Teufelsbuhlschaft", also den Geschlechtsverkehr mit dem Teufel argumentiert.[151] Dass er dergleichen für ausgemachten Unsinn hält, liegt auf der Hand. Doch gleichzeitig wird klar, gegen welche Wand von Argumenten er anläuft.

Als erstes zitiert Weyer den „Hexenhammer". Dort wird behauptet, Dämonen könnten dem Menschen Sperma stehlen und damit beim Hexensabbat Frauen befruchten. Ein Unding, das ist Weyer klar.[152] Aber er hat nicht nur den „Hexenhammer" gegen sich und alle Argumente, die dort angeführt werden, sondern auch Thomas von Aquin, der wiederum Augustinus zitiert. Kann ein Arzt sagen, die großen theologischen Autoritäten hätten keine Ahnung? Weyer ist vorsichtiger. Au-

---

151 Die ganze Frage wird umfassend dargestellt von Bernd Roling, *Drachen und Sirenen. Die Rationalisierung und Abwicklung der Mythologie an den europäischen Universitäten*, Leiden u. Boston: Brill 2010, bes. S. 404ff.

152 Weyer, *De praestigiis*, Buch III, Kap. 25ff., speziell gegen den „Hexenhammer" Kap. 26, S. 213f.

gustinus, so schreibt er, berichte ja nur vom Hörensagen und sei sich keineswegs sicher.[153] Dann seine Lösung: Dämonen hätten vielleicht einen Scheinleib, wie Thomas von Aquin das den Engeln zuschreibt, aber sicher kein „fleisch vnnd blut", das stehe fest, und zwar gegen alle Autoritäten: „derhalben soll billich gründtliche vrsach von der warheit krafft mehr wider alle authoritet bey vns gelten vnd vermögen."[154]

Es folgen Beispiele über Beispiele für den Geschlechtsverkehr mit dem Teufel, die Weyer immer nach dem gleichen Muster erklärt: Entweder handele es sich um bloße Einbildung oder die Sache gehöre in den medizinisch-psychiatrischen Bereich, die „Melancholie", auf die wir gleich zu sprechen kommen werden. Und wenn es denn gar nicht anders geht, dann zieht Weyer in Betracht, dass Dämonen die Menschen so beeinflussen können, dass sie selbst fälschlicherweise von einem realen Geschlechtsverkehr mit Dämonen ausgehen.

Die Richtung hat schon Thomas von Aquin vorgegeben. Er legt sich nicht fest, zieht eine medizinische Ursache aber mindestens in Betracht: Entweder Gott greift ein oder die Dämonen, schreibt er, oder es geschehe *„ex causa corporalium* (...)

---

153 Gemeint ist Augustinus, *De civitate Dei*, Lib. 15, Kap. 23 – Augustinus schreibt dort, man könne die entsprechende Bibelstellen auch im nicht wörtlichen Sinne verstehen. Andererseits gebe es eine große Anzahl von Menschen, die Geschlechtsverkehr mit dem Teufel für eine Realität halten, so dass er keine Entscheidung treffen wolle. Thomas von Aquin diskutiert die Frage in seiner *Summa theologica*, Bd. I, Quaest. 51, Art. 3: Er sagt, dass Engel als Geistwesen auch in einem Scheinleib grundsätzlich keine Lebenstätigkeit ausüben können; und was für Engel gilt, gelte erst recht für Dämonen. Allerdings hält Thomas von Aquin ganz am Schluss des Artikels es doch für möglich, dass Dämonen irgendwie sich des menschlichen Samens bemächtigen.

154 Weyer, *De praestigiis*, Buch III, Kap. 27, S. 215.

propter aliquam infirmitatem", also aufgrund einer körperlichen Krankheit.[155]

Ähnlich der frühe deutsche Humanist Nikolaus von Kues (1401 – 1464), der während seiner Zeit als Bischof in Brixen in den Fall von drei alten Frauen verwickelt war, die Hexen gewesen sein sollten. Er nennt die angeklagten Frauen, nachdem er lange mit ihnen gesprochen hat, „Verrückte". So kann er, obwohl er durchaus an den Teufelspakt glaubt, für eine milde Bestrafung plädieren.[156]

Das Stichwort, das in dem Zusammenhang immer wieder auftaucht, heißt „Melancholie". Wenn man weiß, dass der „Hexenhammer" keine reine Hetzschrift ist, sondern von einem Autor geschrieben worden ist, der sich durchaus gründlich mit der Materie befasst hat, dann wird man sich nicht wundern, dass auch der „Hexenhammer" den medizinischen Aspekt erwähnt.

Heinrich Kramer kennt die Theorie, „Melancholie" sei die Ursache bloß eingebildeter Hexenerlebnisse, und nennt als Gewährsmann den gelehrten Dominikaner Wilhelm von Paris (Guillaume d'Auvergne, ca. 1180 – 1249), einen scholastischer Philosophen und Theologen, der nicht als einziger die Neigung von Frauen zu derlei „Überspanntheiten" mit der ei-

---

155 *Summa theologica* II/2, 175, 1 resp. (2037), Mailand: Cinisello Balsamo, Ed. Paulinae, 2. Aufl. 1988, S. 1768 (zu Thomas von Aquin siehe auch oben Anm. 27).

156 Nach Peter Dinzelbacher, *Mystische Phänomene*, S. 80 – 82; vgl. auch Arne Moritz, Art. *Nikolaus von Kues*, in: *Lexikon zur Geschichte der Hexenverfolgung*, hg. v. Gudrun Gersmann, Katrin Moeller und Jürgen-Michael Schmidt, in: historicum.net (https://www.historicum.net/ purl/45zrs/ – abgerufen am 06. 12. 2020).

gentümlichen Natur der weiblichen Seele begründet.[157] Mehr noch, der „Hexenhammer" zitiert die Theorie, Melancholie sei die Ursache, nicht nur, er stimmt ihr auch vorsichtig zu, wenn es um die Frage geht, ob Frauen nachts mit einem „incubus" Geschlechtsverkehr haben können, also mit Dämonen oder dem Teufel selbst.[158]

Das ist bedeutsam, denn wenn Autoren in dieser Zeit von „Melancholie" sprechen, dann bezeichnen sie mit diesem Begriff keine Gemütsverfassung, wie das heute der Fall ist. Melancholie ist in der antiken und im Anschluss daran in der mittelalterlichen Medizin ein Krankheitsbild, das, wie es in der Viersäftelehre des Hippokrates heißt, auf ein Übermaß an „schwarzer Galle" zurückgeht. Schon in der Antike, z. B. bei Rufus von Ephesos (ca. 80 – 150 n. Chr.), wird diese Störung der Körpersäfte als Grund für Wahnvorstellungen und abnorme psychische Zustände genannt,[159] auch für die sogenannte „Liebeskrankheit", etwas, was man besser „Liebestollheit" nennen würde, also ein übersteigertes sexuelles Verlangen. Eine Diagnose, die perfekt zu der Vorstellung vom Beischlaf

---

157 Zu der von Wilhelm von Auvergne aufgeworfenen Frage, inwieweit körperliche Begleiterscheinungen der Mystik mit der Krankheit „Melancholie" zusammenhängen vgl. Dyan Elliot, *Proving Woman: Female Spirituality and Inquisitional Culture in the Later Middle Ages*, Princeton: Princeton Univ. Press 2004, S. 206 und S. 208f. Dass Frauen besonders anfällig seien, ist seit der Antike Allgemeingut, auch Johannes Weyer geht davon aus und beruft sich dabei auf viele Autoritäten (Weyer, *De praestigiis*, Buch III, Kap. 6, S. 157ff.).

158 Hexenhammer, Bd. 2, S. 143.

159 Dazu Daria Norma Jansen, *Melancholie im Mittelalter – Eine antike Tradition als Vorentwurf der Moderne*, Tübingen: Publikationen der Universität Tübingen 2017, S. 6 – 8 zur Rolle der „schwarzen Galle" – http://hdl.handle.net/10900/79500 (abgerufen am 07. 12. 2020).

mit dem Teufel und den Orgien auf dem Hexensabbat passt.[160]

Neben anderen Ärzten, die zur fraglichen Zeit freilich immer in der Minderheit geblieben sind,[161] ist in diesem Zusammenhang Antonio Guaineri (ca. 1390 – ca. 1455) zu erwähnen.[162] Der italienische Arzt aus Pavia hat nicht nur wie viele andere seit der Antike Epilepsie als Störung der Säfte erklärt, sondern auch die Vorstellung, Geschlechtsverkehr mit dem Teufel zu haben.

Sein medizinisches Werk – ein *Practica* genanntes umfassendes Handbuch für Diagnose und Therapie – enthält auch den *Tractatus de egritudinibus capitis*, also eine Abhandlung über die Krankheiten des Kopfes. Seine Ausführungen sind viel gelesen worden und erlebten nach dem frühen Erstdruck 1473/4 zahlreiche Neuauflagen in rascher Folge.

Antonio Guaineri beginnt mit einer Art Definition: Melancholie und Manie, so schreibt er, sind „*quaedam dispositiones cerebri praeter naturam*" (gewisse unnatürliche Zustände des Gehirns), aufgrund derer eine Störung des Vorstellungsvermögens oder des Urteilsvermögens („*lesio imaginative seu estimative*") oder von beiden gleichzeitig vorliegt.[163] Wer wie Antonio Guaineri den Grund für die Vorstellungen von übernatürlichen Fähigkeiten oder Ereignissen in der Psychiatrie suchte, konnte sich auf eine große Autorität berufen, nämlich auf Aristoteles. Dass das

---

160 Vgl. Daria Norma Jansen, *Melancholie*, S. 11 – 13.

161 Erwähnt bei Peter Dinzelbacher, *Mystische Phänomene*, S. 81f.

162 Vgl. Dinzelbacher, *Heilige oder Hexen? Schicksale auffälliger Frauen in Mittelalter und Frühneuzeit*, Düsseldorf: Patmos 2004, S. 66f. und Daniela Mugnai Carrara, Art. *Guaineri, Antonio*, in: *Dizionario Biografico degli Italiani* - Volume 60 (2003) – https://www.treccani.it/enciclopedia/antonio-guaineri_(Dizionario-Biografico) – abgerufen am 02. 02. 2021.

163 Zitiert nach der Ausgabe 1488, Traktat 15, fol. 29r.

Werk, das da zitiert wird, nicht von Aristoteles stammt, sondern von dem auch als Aristoteles-Kommentator hervorgetretenen Peripatetiker Alexander von Aphrodisias (um 200 n. Chr.), wusste man damals nicht. Es war also ein sehr wichtiges Argument, wenn der Pseudo-Aristoteles in seinen Προβλήματα (lateinisch *Quaestiones*) schreibt:

> Melancholische Menschen können in Wahrheit nicht vernünftig denken und betrachten, denn diese bösartige Stimmung besetzt und verdirbt das Gehirn, das der Sitz des Intellekts ist, mit dessen Hilfe wir alles verstehen können.[164]

Ein Werkzeug, mit dem man das herrschende Gedankengebäude zum Einsturz hätte bringen können, lag also bereit. Aus Unsicherheit oder aus Vorsicht: Niemand legt sich fest, niemand will die Mitwirkung von Dämonen kategorisch ausschließen. Auch Antonio Guaineri hält sich letztlich bedeckt. Aus seiner ärztlichen Praxis heraus, gibt er zu bedenken, halte er es zwar für eher unwahrscheinlich, aber es könne auch durchaus sein, dass Dämonen mit im Spiel sind, wie das der berühmte Avicenna (ca. 980 – 1037) in seinen damals maßgebenden medizinischen Schriften gelehrt habe.[165]

---

164 Alexander von Aphrodisias, *Quaestiones*, Erstdruck Venedig: B. Zanetti 1536, dann öfters nachgedruckt. Der Erstdruck war mir nicht zugänglich, deswegen zitiert und aus dem Französischen übersetzt nach der Ausgabe Alexandre Aphrodise, *Les Problemes*, ins Frz. übersetzt von M. Heret, Paris: G. Guillard 1555, Buch II, Problem 28, fol. 68v. (Digitalisat unter https://archive.org/details/BIUSante_41228/mode/2up – abgerufen am 02.02. 2021).

165 Wahrscheinlich bezieht er sich nicht auf ein echtes Werk des Avicenna, sondern auf eine dem berühmten Arzt nur zugeschriebene Abhandlung, was hier aber unerheblich ist.

Wie schwierig das alles war, sei wiederum am Beispiel von Johannes Weyer demonstriert. Als Arzt argumentiert Weyer ganz traditionell, indem er sich, was die „Melancholie" angeht, an die Autoritäten Hippokrates und Galenus anlehnt und eine Störung der Körpersäfte diagnostiziert. Er holt weit aus, schildert in zwei Kapiteln zahlreiche Beispiele für den verderblichen Einfluss der „Melancholie", und zwar nicht nur Fälle, die er in der Literatur gefunden hat, sondern auch psychiatrische Störungen, die er in seiner eigenen Tätigkeit als Arzt kennen gelernt hat.[166]

Zudem beruft er sich auf einen Kirchenlehrer, nämlich Johannes Chrysostomus. Dieser nämlich hat etwa 381 n. Chr. in seinem *De providentia Dei ad Stagirium* sich an einen jungen Mönch gewendet, der von Dämonen gequält wird.[167] Chrysostomus nun sagt, das Problem des jungen Mönches sei nicht der Dämon, sondern seine Depressionen, die ihre Ursache in der Trennung von der Familie und der Einsamkeit hätten. Kein Exorzismus oder ähnliches sei angeraten, sondern eine Überwindung der zugrunde liegenden Depression. Johannes Weyer schreibt:

> Als denn sind fürnemlich Melancholici / vnn die von verlusts oder anderer zufäll trawrig sind / wie daß Chrysostomus bezeugt / mit diesem worten: Grosser kummer / trawren vnd hertzleid / bringt mehr schaden / weder alles Teuffelswerck / denn alle so der Teuffel vberwindet / die vberwindet er durch schwermut vnd trawrigkeit.[168]

---

166 Weyer, *De praestigiis*, Buch III, Kap. 7 u. 8, S. 158ff.
167 Dazu Jessica Wright, *Between Despondency and the Demon: Diagnosing and Treating Spiritual Disorders in John Chrysostom's Letter to Stageirios*, in: *Journal of Late Antiquity* 8 (2015), S. 352 – 367.
168 Weyer, *De praestigiis*, Buch III, Kap. 5, S. 156.

An solchen Stellen ist Johannes Weyer nahe dran, eine rationale, psychosomatische Erklärung für den ganzen Spuk zu finden. Doch sofort im Anschluss fährt er fort:

> Es sind auch weiters / die Gott mißtrawen / Gottlose / wundersitzige[169] / in Christlicher Religion letz vnerwiesene neidige / boßhafftige Menschen / alte Weiber / die nit wol mehr bey jnen selbst / vnnd andere dergleichen / so eines schlipfferigen glaubens sind.[170]

Was hilft es, wenn man die Hexen als bloßes Werkzeug des Teufels bezeichnet, wenn man einräumt, es könne sich um eine auf Störung der Körperfunktionen namens „Melancholie" handeln, dann aber schreibt, besonders anfällig für die „Melancholie" und die Einflüsterungen des Teufels seien „boßhafftige schalckhafftige Weiber", denen der rechte Glaube fehle? Wollten die Hexenverfolger nicht genau das hören?

Wie Weyer selbst auf die Idee kommen kann, aufgrund seiner Ausführungen würden weniger Angeklagte als Hexen verurteilt werden, ist nicht so recht ersichtlich:

> Auff solche weiß zweiffelt mir gar nicht / werden alle rechtgeschaffene christen des leidigen Sathans betrug vnnd teuscherey desto besser merken / vnd daß er so viel nicht vermöge / wie bißher dafür gehalten worden / wol erkennen können. Auch wirdt hinfürter desto weniger vnschüldiges blut vergossen werden[171]

Ganz am Ende von *De praestigiis* gibt Johannes Weyer die 28 Thesen wieder, die Theologen der Pariser Universität veröffentlich hatten. In diesen Thesen finden sich einige Überein-

---

169 Wundersitzige, d. i. Neugierige.

170 Weyer, *De praestigiis*, Buch III, Kap. 5, S. 156.

171 Weyer, *De praestigiis*, Begleitschreiben an Kaiser, Könige und Fürsten, ohne Seitenzahl.

stimmungen mit Weyers eigenen Ansichten und sicherlich sah er in der Tatsache, dass er sein Werk mit dem Gutachten einer angesehenen theologischen Fakultät beschließt, eine Art Versicherung gegen den Verdacht, häretische Ansichten zu vertreten.

Diese 28 Thesen haben ein zentrales Ziel: Alle Formen von okkulten Praktiken, Volksaberglauben, Zauberei und Wahrsagerei bis hin zu Amuletten als Abfall von Gott zu brandmarken. Man darf das durchaus als einen Fortschritt sehen, auch wenn die Autoren nicht etwa die Existenz von Dämonen und den realen schädlichen Einfluss des Teufels leugnen. Im Gegenteil: In der 18. These bekräftigen sie ausdrücklich, dass Gott dem Teufel die Kraft verleihen könnte, auch in materielle Vorgänge einzugreifen:

> Denn Gott verhengt es zu zeiten / dass solche ding geschehen / wie denn an Zauberern Pharaonis / vnnd anderßwo mehr zuersehen ist (481, Ex 7.11f.)[172]

Gott lässt dergleichen zu, aber nur selten: Damit haben die Theologen ähnlich wie Pietro Pomponazzi recht elegant das Problem gelöst, wie man die Bibelstellen, die vom teuflischen Eingreifen berichten, retten und zugleich okkulte Praktiken verurteilen kann. Dass sie sich gegen das ganze Zauber- und Hexenwesen wenden, könnte man ein wenig bösartig damit erklären, dass sie die eigenen, also die christlichen abergläubischen Praktiken von der Prozession durch Felder bis zum

---

172 Stellungnahme der Theologen der Pariser theologischen Fakultät, 18. These, die auf Ex 7.11f. anspielt. Zitiert nach Weyer, *De praestigiis*, Buch 6, Kap. 28, S. 481. Dazu: Brian P. Levack, Art. *Paris, University of*, in: in: Richard Golden (Hg.), *Encyclopedia of Witchcraft – the Western Tradition*, Bd. III, Santa Barbara: ABC-Clio 2006, S. 884f.

Exorzismus als den „guten" Aberglauben verteidigen wollen. Aber wie dem auch sei, es bleibt festzuhalten, dass die Pariser Theologen und Johannes Weyer, der sich ihnen anschließt, einen riesigen Bereich von abergläubischen und okkulten Praktiken als zu überwindende Abweichungen vom rechten Pfad bezeichnen. Es handelt sich also, auch wenn die Autoren die Bestrafung dieser Ketzereien fordern, durchaus um einen Fortschritt.

Versucht man, Weyers Werk einzuordnen, so macht er den Eindruck, als ob er jemand sei, dem es nicht gelingt, seine eher gefühlten Erkenntnisse über das Hexenwesen mit dem von der Tradition vorgegebenen und im Zeitgeist vorherrschenden Weltbild in Deckung zu bringen. Deswegen verwickelt er sich in Widersprüche, die ihm seine Gegner, gerade weil deren Meinung genau mit Tradition und Zeitgeist, mit dem ganzen überkommenen Gedankengebäude übereinstimmt, lustvoll um die Ohren schlagen können. Und leider muss man auch Kurt Flasch zustimmen, der Weyer vorwirft, er „steigerte eher die Macht Satans, als dass er sie bestritt."[173]

---

173 Kurt Flasch, *Der Teufel und seine Engel*, zu Weyer dort S. 237 – 240.

8.

Nichts als albernes Zeugs: Antonio de Ferrariis

Die meisten, haben wir gesehen, halten sich bedeckt. Es ist ein Arzt, der als erster aus dem Käfig des Gedankengebäudes ausbricht. Denn der einzige, der sich im 15. und 16. Jahrhundert wirklich frontal gegen den Hexenglauben gestellt hat, war Antonio de Ferrariis (=Antonio Galateo, ca. 1444 – 1517), ein süditalienischer Philosoph, Arzt und Dichter, der mit zahlreichen italienischen Humanisten befreundet gewesen ist.[174]

Antonio de Ferrariis ist bislang wenig beachtet worden. Hansen geht auf ihn nur in einer Anmerkung ein und bringt dort ein kurzes Zitat aus *De situ Japigiae* (auch *Iapygiae* geschrieben), eine Art Reiseführer über das Gebiet, das etwa die heutigen Provinzen Lecce, Taranto und Brindisi umfasst.[175]

Angesichts der zahlreichen Werke, die in der fraglichen Zeit über das Hexenwesen geschrieben worden sind, ist es vielleicht nicht verwunderlich, dass man einen Reiseführer übersehen hat. Gerade das ungewöhnliche literarische Genre hat es andererseits dem Autor wohl ermöglicht, abseits des Kampfes um die Deutungshoheit in der Hexenfrage, die damals zwischen Theologen und Juristen ausgetragen worden ist, einen neuen, freien Blick auf die Sache zu werfen.

---

174 Alle biografischen Informationen nach Romano di Angelo, Art. *De Ferrariis, Antonio*, in: *Dizionario Biografico degli Italiani* – Volume 33 (1987).

175 Hansen, *Quellen*, S. 239f. Anm. 1; in Behringer, *Hexen*, wird Antonio de Ferrariis nicht erwähnt.

Von akademischen Diskussionen im scholastischen Stil hat Antonio de Ferrariis sowieso nichts gehalten, die Methoden, mit denen zu seiner Zeit an den führenden oberitalienischen Universitäten gearbeitet worden ist, hat er rundweg abgelehnt.

Man könnte denken, dass er seine Kritik am Hexenglauben in einem Reiseführer versteckt hat, um damit einer Anklage als Häretiker zu entgehen. Dagegen spricht zweierlei. Zum einen hat er *De situ Japigiae* für Ferdinand II. von Aragonien, genannt der „Katholische", geschrieben. Dieser war König des 1504 wiedervereinigten Königreichs Neapel geworden. Als er 1506 von Spanien nach Neapel gekommen ist, wollte er auch die hinzugewonnenen Gebiete in Süditalien kennen lernen. Zu diesem Zweck erging der Auftrag an Antonio de Ferrariis, den Ferdinand II. als Arzt geschätzt hat: 1490 hatte er ihm eine Stelle als Leibarzt in Neapel angeboten, die dieser jedoch abgelehnt hatte. Antonio de Ferraris konnte und musste also davon ausgehen, dass sein Werk am Hof gelesen und bekannt werden würde.

Auch im Vatikan war Antonio de Ferrariis kein Unbekannter. Genau in dem Jahr, in dem er an *De situ Japigiae* geschrieben hat, ist er nämlich in Rom gewesen und hat Papst Julius II. persönlich das griechische Original der „konstantinischen Schenkung" überreicht,[176] bekanntlich die Urkunde, auf die die Päpste ihre Herrschaft über ihre Ländereien zurückgeführt haben, sozusagen die Besitzurkunde des Kirchenstaates. Ein gewagtes Unterfangen: Denn zu dieser Zeit hatten Humanisten schon die Unechtheit der Schenkungsurkunde bezweifelt, wenn nicht gar bewiesen. Antonio de Ferrariis muss das be-

---

176 Nach Ludwig von Pastor, *Geschichte der Päpste seit dem Ausgang des Mittelalters* Band 3, Freiburg: Herder 1924, S. 121.

kannt gewesen sein. Und wenn er also jetzt dem Papst das Original der Urkunde hätte vorlegen können, dann wäre dies eine politische Sensation ersten Ranges gewesen, er hätte also im Rampenlicht gestanden

Zum anderen ist er schon vorher mit einem Werk hervorgetreten, das alles andere als brav ist, ein Dialog mit dem Titel *Eremita*. Dieser um 1497 entstandene „Dialog der Toten" spielt an der Schwelle des Paradieses. Ein alter und heiliger Einsiedler aus Lecce ist auf der Flucht vor dem Teufel (Cacodaemon), der ihn in die Hölle führen will, und versucht, sich Zugang zum Paradies zu verschaffen. Der heilige Petrus aber lässt ihn nicht herein, worauf es zu einer Reihe von durchaus polemischen verbalen Auseinandersetzungen kommt. Petrus ruft einige Selige aus dem Paradies zur Hilfe, doch der Einsiedler verteidigt sich geschickt: Er weist dem Petrus nach, dass die bekannten Heiligen, die ins Paradies aufgenommen worden sind, in ihrem Leben Sünden begangen haben, die durchaus schwerer waren als die, die Petrus dem Einsiedler vorwirft.

Was sich heutzutage wie ein lustiger Sketch anhört, war damals unerhört. Noch 1895 schreibt der bekannte Historiker Ludwig von Pastor in seiner Geschichte der Päpste nicht ohne Empörung, der Dialog des süditalienischen Humanisten enthalte

> nicht bloß starke Ausfälle gegen die Geistlichkeit, leidenschaftliche Anklagen gegen Rom (...), es werden auch mit Ernst und Ironie Glaubenslehren angegriffen; ehrwürdige Personen der biblischen und heiligen Geschichte werden ironisiert, der hl. Hieronymus wegen seiner Ausführungen gegen die heidnischen Classiker geradezu verhöhnt. Aber die seltsame Schrift endet mit einem feurigen Marienhymnus!"[177]

---

177 Pastor, *Geschichte der Päpste*, S. 120f.; nach v. Pastor ist das Werk erst

Antonio de Ferraris, so könnte man sagen, war also schon einschlägig bekannt: Als Kritiker nicht nur der moralischen, politischen und religiösen Dekadenz seiner Zeit, sondern auch als Kritiker der scholastischen Gelehrsamkeit.

Auf den Hexenglauben kommt Antonio de Ferraris in *De situ Japigiae* zu sprechen, als er die Gegend um die süditalienische Stadt Nardò beschreibt. In den Sumpfgebieten dort gebe es Leute, die leichtgläubigerweise erstaunliche Geschichten erzählen,

> ohne dass jemand in der Lage ist, das mit Gewissheit zu bestätigen, ohne dass eine plausible Begründung angeführt wird, ohne jeglichen Beweis, der dies belegt, schenkt dort jeder den Dingen Glauben, die er nicht gesehen hat und die nicht wahr sind.[178]

Diese Menschen, die in der Dunkelheit verharren, fährt er dann fort, werden nie die Wahrheit erkennen. Nach dieser Einleitung, in der „*tenebrae*" und „*veritas*" gegenübergestellt werden, also Dunkelheit und Wahrheit, mangelnde Aufklärung und die richtige Erkenntnis, dürfte klar sein, was Antonio de Ferrariis vom Hexenwesen hält. Um kindische Hirngespinste („*puerilis larvis*") handele es sich und um Altweibergeschwätz („*anilibus commentariis*"):

1875 gedruckt worden (ebd. S. 121 Anm. 1); einen Überblick mit ital. Textauszügen gibt Luigi Montonato, *L'Eremita, l'uomo del Galateo*, in: *Antonio de Ferrariis Galateo. L'Erasmo di Terra d'Otranto a cinquecento anni dalla morte (1517 – 2017), Atti del convegno di studi* (Lecce, 31 Maggio – 1 Giugno 2017, Università di Salento 2017, S. 117 – 124.

178 Der Erstdruck Basel: G.B. Bonifacio 1553, der manchmal erwähnt wird, lässt sich nirgends nachweisen. Deshalb zitiere ich nach der Ausgabe, die 1558 bei Perna in Basel erschienen ist (http://arachne.uni-koeln.de/item/buchseite/594386 – abgerufen am 29.01.2021), S. 116 – übersetzt vom Verfasser.

Es gibt einige, die von der Existenz gewisser böser Frauen oder vielmehr Hexen überzeugt sind, die, nachdem sie sich mit Salben eingeschmiert haben, nachts das Aussehen verschiedener Tiere annehmen und umherziehen oder besser gesagt durch ferne Länder umherfliegen und dann erzählen, was dort geschehen ist. Sie tanzen in sumpfigen Gegenden singend im Kreis und treffen sich mit Dämonen; sie kommen und gehen durch verschlossene Türen und Öffnungen, sie töten Kinder – ich weiß nicht, was sonst noch für albernes Zeug.[179]

Vielleicht hat er es ob dieser Aussage doch etwas mit der Angst zu tun bekommen. Es ist jedenfalls auffällig, dass er einen Satz anschließt, in dem er behauptet, er läge damit ganz auf einer Linie mit der Lehre der Päpste: „Worüber du dich am meisten wundern solltest", spricht er seinen Auftraggeber an, „ist die Tatsache, dass doch die Päpste solches (= solche abergläubische Vorstellungen) sehr scharf verurteilt haben."[180] Direkt anschließend äußert er sich im gleichen Ton über den Glauben an Vampire.

Wichtig ist, dass Antonio de Ferrariis nicht nur die Erzählungen, die unter dem einfältigen, abergläubischen Volk („*superstitiosa gens*") zirkuliert haben, zu Fabeln erklärt, sondern dass er auch nicht davor zurückschreckt, das, was er bei antiken Autoren gefunden hat, als „eitle Illusionen", als bloße Sinnestäuschungen zu bezeichnen: „Die Sinne täuschen den Menschen, sie führen den Verstand in die Irre", ein gefährlicher Zirkel:

Die Sinne täuschen den Verstand, und wenn der Verstand erst einmal die Sinnestäuschung für wahr hält, dann beeinflussen und

---

179 Ebd. S. 116f.
180 „*Quod maxime mireris sunt in hac re gravissimae Pontificorum censurae*"

täuschen die Vorstellungen, die der Mensch sich in seinem Kopf gemacht hat, auch wiederum die sinnliche Wahrnehmung.[181]

Das Ergebnis: „*mens quoque delirat*" – der Verstand gerät aus der Bahn. Antonio de Ferraris hat keine Angst, in diesem Zusammenhang auch antike Autoritäten anzugreifen wie Galenus und Seneca. Schließlich bezeichnet er eine Geschichte, die Plinius in seiner *Naturalis historia* (VII, 53) berichtet, als Fabel, eine Geschichte, in der es um eine Seelenreise geht, um die außerkörperlichen Erfahrungen eines gewissen Hermontinus Clazomenius.[182]

Nach den antiken Autoritäten kommt ein Kirchenvater dran, nämlich Laktanz (ca. 250 – 320). Der Kirchenvater, so schreibt er, sei halt mehr ein Rhetoriker als ein wissenschaftlich gebildeter Mensch gewesen, deswegen habe er geleugnet, dass die Erde überall bewohnbar sei.[183]

„Überall bewohnbar" – die Stelle klingt heutzutage rätselhaft, es lohnt sich aber, näher darauf einzugehen, weil so deutlicher wird, wie Antonio de Ferraris gedacht hat. Denn dieses „bewohnbar" bezieht sich nicht auf Wüsten oder ähnliches, sondern auf die "Antipodenfrage", also die Frage, ob auf der anderen Seite der Erde auch Menschen wohnen können, eben die „Antipoden". Im Kern geht es dabei um die Kugelgestalt der Erde, und Antonio de Ferrariis meint, dass Laktanz sich wie viele andere vom Augenschein zu dem verbreiteten („*vul-*

---

181 Ebd. S. 117.

182 Ebd. S. 117 – auch Johannes Weyer hat antike Überlieferung als Fabeln und erdichtete Lügenmärchen kritisiert: Johannes Weyer, *De praestigiis*, Buch III, Kap. 1, S. 147; das ganze Kap. 1 stellt einen Streifzug durch die antike Literatur dar und Weyer bemerkt öfters, dass es sich um Märchen handele (S. 142 – 148).

183 Ebd. S. 117.

garis") Irrtum habe hinreißen lassen, die Erde für eine Scheibe zu halten.[184]

Der Kirchenvater Laktanz hat, anders als man denken könnte, bei seiner Ablehnung der Kugelgestalt der Erde keineswegs mit Bibelstellen oder mit anderen theologischen Gedankengängen argumentiert, sondern sich auf die Philosophie und den gesunden Menschenverstand berufen.[185]

Antonio de Ferrariis erwähnt in *De situ Japigiae* den Irrtum des Laktanz nur am Rande, als Beispiel dafür, dass man seinen Sinnen nicht trauen darf, so als ob es eine ausgemachte Sache sei, dass die Erde nun mal nicht eine flache Scheibe ist. Das konnte er auch, denn in seinem 1501 verfassten *Liber de Situ Elementorum*[186] hat er mit vielen naturwissenschaftlichen Argumenten einwandfrei aufgezeigt, dass die Erde eine Kugel ist. Er hatte dabei allerdings einen Vorteil: Durch die Fahrten des Kolumbus und die Umsegelung Afrikas – letztere lag 1501 ja gerade erst zwei Jahre zurück – hatte er schlagende Argumente zur Hand, die all die Theoretiker vor ihm nicht hatten.

Es dürfte klar geworden sein, woher Antonio de Ferrariis die Sicherheit genommen hat, den bekanntesten theologischen und wissenschaftlichen Autoritäten die Stirn zu bieten. Seine

---

184 Dazu grundlegend Anna-Dorothee von den Brincken, *Fines Terrae. Die Enden der Welt und der vierte Kontinent auf mittelalterlichen Weltkarten*, Hannover 1992 (= Schriften der Monumenta Germaniae Historica Bd. 36). Recht ausführlich mit Antonio de Ferraris Gedanken über die Kugelgestalt der Erde hat sich Karl Anselm Vogel beschäftigt: *Sphaera terrae – das mittelalterliche Bild der Erde und die kosmographische Revolution*, Diss. Göttingen 1995, S. 426 – 444.

185 Ausführlich dargestellt bei Vogel, S. 70 – 75.

186 Erstdruck: Antonius Galateus, *Liber de situ elementorum*, Basel: P. Perna 1558.

intensive Beschäftigung mit der Kugelgestalt der Erde hatte ihm gezeigt, dass vieles, was die Autoritäten zu sagen hatten, im Lichte der Wissenschaft und der Vernunft weder Hand noch Fuß hatte.

Man darf, schreibt er folgerichtig im Zusammenhang mit dem Hexenglauben in *De situ Japigiae*, nicht nur auf das vertrauen, was man mit seinen Augen sieht, sondern muss die sinnliche Wahrnehmung mit der Vernunft abgleichen. Nur dann könne man sich sicher sein, wenn, wie Aristoteles sagt, die Vernunft die äußeren Eindrücke bestätigt und wenn die äußeren Eindrücke die Vernunft bestätigen. Wenn beide nicht übereinstimmen, „*omnia falsa, omnia erronea sunt*" – dann ist alles falsch, alles Irrtum.[187]

Um jedem klar zu machen, was er von Zauberei, Hexenflug und Hexensabbat hält, stellt er anschließend diese Phänomene auf eine Stufe mit einer Fata Morgana. Und auch für diese erstaunliche Naturerscheinung hat er eine wissenschaftliche Erklärung.[188]

Ein Lichtblick, aber, wie gesagt, eine große Ausnahme, zudem ein Text, der keine große Verbreitung gefunden hat.

---

187 Antonio de Ferrariis, *De situ Japigiae*, S. 118f.
188 Ebda. S. 119f.

9.

Ein Aufklärer als Hexenjäger: Jean Bodin

Die Diskussion um das Hexenwesen ist allerdings noch lange nicht von Autoren wie Antonio de Ferrariis beherrscht worden. Großen Einfluss hatten gerade die, die sich strikt für die Verfolgung der Hexen ausgesprochen haben. Jean Bodin (1530 – 1596) etwa glaubte zweifelfrei an die Realität des Hexenwesens. Sein Ruf als aufgeklärter Vorkämpfer für religiöse Toleranz hielt ihn nicht davon ab, 1580 *La Démonomanie des sorciers* zu schreiben, eine weit verbreitetes und in zahlreiche Sprachen übersetztes juristisches Handbuch für Prozesse gegen Hexen, eine Argumentationshilfe für Ankläger und Richter – bis hin zur Begründung der Notwendigkeit der Todesstrafe für Hexen und Hexer, denn Bodin, der als Jurist selbst an Hexenprozessen beteiligt war, war der Meinung, das Vorgehen gegen die angeblich dramatisch anschwellende Hexenbewegung sei viel zu lasch.

In diesem Werk greift Bodin auch Johannes Weyer scharf an. Seltsam verdrehte Fronten: Bodin, der Begründer des modernen Staatsdenkens, wendet sich mit der vollen Schärfe seiner Vernunft gegen Johannes Weyer, weil dieser an der Realität des Hexenwesens gezweifelt hatte.

Weyer, so schreibt Wilhelm Gottlieb Soldan, war „mehr ein praktisch gewandter Kopf als gründlicher Philosoph"[189]. Und

---

189 Soldan, *Geschichte der Hexenprozesse*, S. 335.

so hat Jean Bodin leichtes Spiel, wenn es darum geht, Johannes Weyer zu widerlegen. Eine Leugnung der Realität des Hexenritts scheint Bodin der Lehre fast sämtlicher Theologen und insbesondere auch der Heiligen Schrift zu widersprechen.

Bei Bodin finden wir noch einmal das gesamte Lehrgebäude, all die Argumente, die sich auf die antike, biblische und theologische Tradition beziehen und die in zahlreichen Traktaten über das Hexenwesen immer wieder wiederholt und neu angeordnet worden sind. Bodin, so könnte man überspitzt sagen, argumentiert wie die juristischen und theologischen Autoren, denen die gelehrte Tradition, der nicht hinterfragte Wissenstand allemal als Beweis ausreichte. Doch Bodin bezieht auch das Element der Erfahrung mit ein.

So entspringt Bodins Abhandlung „Vom Ausgelaßnen wütigen Teuffelsheer der Besessenen unsinnigen Hexen und Hexenmeyster"[190] keineswegs einem plötzlichen Wahnmoment im Leben des wackeren Frühaufklärers. Aus seinen Argumenten spricht beides: Bildung und Vernunft.

Nehmen wir als Beispiel die Hexensalben und den Hexenflug. Bodin kennt solche Salben, glaubt aber nicht an ihre Wirksamkeit. Und zwar aus zwei Gründen: Erstens ist es seiner Meinung nach medizinisch unmöglich, dass solche Salben wirken, wobei er sich auf die üblichen mittelalterlichen und antiken medizinischen Lehrer beruft. Daraus schließt er nun

---

190 So der Titel der von J. Fischart besorgten deutschen Übersetzung, die 1581 bei B. Jobin in Straßburg erschienen ist. Digitalisat bei der Bayrischen Staatsbibliothek – die französische Erstausgabe ist nur ein Jahr vorher in Paris erschienen. Zu Bodin auch Art. *Bodin, Jean*, in: *Lexikon zur Geschichte der Hexenverfolgung*, hg. v. Gudrun Gersmann, Katrin Moeller u. Jürgen-Michael Schmidt, in: historicum.net, (https://www. historicum.net/purl/45zo1/).

aber nicht, dass die Hexenflüge reine Fantasie seien. Denn, so sein zweites Argument, wer die Macht der Dämonen kennt, für den sind solche Salben einfach überflüssig.[191]

Die recht zahlreichen antiken, biblischen und mittelalterlichen Quellen, die Bodin überblickt, bestätigen die Realität des Hexenfluges. Und wenn, so argumentiert Bodin, es Engel, Dämonen und Teufel gibt – und wer wollte daran zweifeln, wo nicht zuletzt Jesus selbst davon gesprochen hat – wenn Simon Magus und andere biblische Gestalten geflogen sind, wieso sollten sich dann gerade die Hexen nicht mit dämonischer Hilfe *contra naturam* in die Luft erheben können?[192] Und zwar mit Leib und Seele. Denn wenn Kritiker wie Johannes Weyer suggerieren, nur die Seele der Hexen sei über weite Entfernungen unterwegs gewesen, so hält Bodin dagegen, dass eine Trennung von Leib und Seele schwerer vorstellbar sei als ein Teufel, der die ganze Person durch die Luft trägt.[193]

Gerade der Verweis auf Simon Magus – der bei Weyer als Prototyp des bösen Zauberers, dem er durchaus zutraut, sich über die Naturgesetze hinweg zu setzen, fungiert[194] – dürfte ein gewichtiges Argument für die Realität des Hexenfluges gewesen sein. Simon Magus, das Urbild des Ketzers schlechthin, soll noch zu Lebzeiten des Apostels Petrus gewirkt haben. Er wird in der Apostelgeschichte (Apg 8.9–25) als mächtiger Zauberer geschildert, dessen Wundertaten alle in Erstaunen gesetzt haben. Er habe sich dann taufen lassen und habe die Wundertaten der Apostel gesehen. Darauf habe er versucht,

---

191 Bodin, *Vom Ausgelaßnen wütigen Teuffelsheer*, S. 737f.
192 Ebd. S. 741f.
193 Ebd. S. 740.
194 Weyer, *De praestigiis*, Buch II, Kap. 3, S. 90.

den Aposteln die Gnade Gottes – vorgestellt offenbar als eine besondere übernatürliche Kraft – abzukaufen, was diese natürlich empört abgelehnt hätten.

Bemerkenswert ist an dieser Geschichte lediglich, dass Simon Magus offenbar auch ohne göttlichen Beistand tatsächlich zaubern konnte.

Für Bodins Fragestellung wird Simon Magus wegen einer Stelle aus den Petrusakten interessant, einer nicht in den biblischen Kanon aufgenommenen und nicht vollständig erhaltenen Schrift, die wohl um 200 n. Chr. entstanden ist.[195] Dort konnte man lesen, Simon Magus – der „Satansengel", wie ihn die Petrusakten nennen – habe, um dem Petrus die eigene Macht zu demonstrieren, öffentlich verkündet, er werde an einem bestimmten Termin durch die Luft fliegen:

> Und siehe, als er in die Höhe emporgehoben war und alle ihn über ganz Rom und seine Tempel und die Berge erhoben sahen, blickten die Gläubigen auf Petrus. Und Petrus sah die Seltsamkeit des Anblicks und rief zu Jesus Christus, dem Herren: ‚Wenn Du zulässt, dass dieser Mensch das vollbringt, was er vorhat, so werden alle, die an Dich geglaubt haben, Anstoß nehmen und die Zeichen und Wunder, die Du ihnen durch mich gegeben hast, werden nicht geglaubt werden; eile, Herr, und lass ihn aus der Höhe herabfallen, damit er außer Gefecht gesetzt wird. Aber lass ihn nicht sterben, sondern mache, dass er fällt und sein Bein an drei Stellen bricht.' Und er fiel aus der Höhe herab und brach sich

---

195 Das Standardwerk zu den Petrusakten ist die kritischen Edition von Mariestheres Döhler, *Acta Petri. Text, Übersetzung und Kommentar zu den Actus Vercellenses*, Berlin und Boston: de Gruyter 2018; zu Simon Magus: Alberto Ferreiro, *Simon Magus in Patristic, Medieval and Early Modern Traditions*, Leiden: Brill 2005.

das Bein an drei Stellen. Da warfen alle Leute mit Steinen nach ihm und gingen heim und glaubten von nun an dem Petrus.[196]

Diesen an sich schon kaum widerlegbaren, weil biblischen Beweis stützt Bodin nun mit dem Hinweis auf nichtchristliche Quellen. Denn als belesener Frühaufklärer kennt er die alte europäische Tradition der „verzückten Reise", kennt die „Seelenreise", mit der Plato das 10. Buch seiner *Politeia* abschließt, kennt natürlich Orpheus und viele andere, die von außerkörperlichen Erlebnissen und von Flügen mit dem „anderen Körper" berichten, Erzählungen, die den biblischen Befund bestätigen.[197]

Bodin kann es sich übrigens an der Stelle, wo Plato ins Spiel kommt, nicht verkneifen, darauf hinzuweisen, dass der „göttliche" Plato[198] die Todesstrafe für Zauberer gefordert hat.[199]

Johannes Weyer, das erkennt Bodin haarscharf, ist nicht konsequent. Wenn Simon Magus mit Hilfe teuflischer Magie fliegen konnte, dann können das andere auch, schreibt er und

---

196 ActPetr 31f. Übersetzt vom Verfasser nach: M. R. James, *The Acts of Peter*, in: *The Apocryphal New Testament*, Oxford: Clarendon 1924.

197 Zu den mittelalterlichen Vorstellungen: Peter Dinzelbacher, *Ekstatischer Flug und visionäre Weltschau im Mittelalter*, in: Ders., *Von der Welt durch die Hölle zum Paradies – das mittelalterliche Jenseits*, Leiden: Brill 2008, S. 181 – 206.

198 Wie andere Autoren des 16. Jahrhunderts auch bezeichnet Bodin Plato wegen seiner Bedeutung für die Philosophie als „göttlich", obwohl Plato kein Christ war und obwohl zweitens nach christlicher Lehre generell kein Mensch „göttlich" genannt werden darf.

199 Plato, *Nomoi*, 11. Buch 933 St. 2 – Plato fordert die Todesstrafe allerdings nur für „professionelle" Wahrsager oder Zeichendeuter, bei Menschen, die sich nur gelegentlich magischer Künste bedienen, plädiert er dafür, das Strafmaß dem Gericht zu überlassen.

fragt spöttisch, ob nach Weyers Meinung denn der Teufel heutzutage wenige Macht besäße als früher:

> Ist aber diß nicht ein vberauß grosse Narrheit / bekennen / dass Simon der Zauberer in die lufft sey geflogen / vnd hingegen nit zugeben / dass es andere Zauberer auch können / sonder sagen / sie betriegen sich / vnn meynen / sie werden im lufft zu dem Vnholdentag vertragen? Ist dann der Sathan heutigs tags weniger bey Macht dann damals?[200]

Quellen aus vielen Jahrhunderten und verschiedenen Kulturkreisen berichten übereinstimmend von Menschen, die durch die Luft fliegen.[201] Diese Schilderungen vergleicht Bodin mit dem, was er in Gerichtsakten von Hexenprozessen gefunden hat und stellt einen hohen Grad an Übereinstimmung fest. Wie kann das sein, so sein schlagendes Argument, dass die Angeklagten dergleichen aussagen, obwohl sie doch mit Sicherheit niemals die Schriften antike Autoren wie Herodot und Plutarch gelesen haben?

> In summa man beseh die ergangene Proceß wider die Hexen auß Teutschland / auß Franckreich / auß Italien / auß Hispanien / so vil als wir derselbigen inn Schrifften noch haben: Vnd beseh darneben zugleich / die täglich vnzälige kundschafften / die widerholte Zeugnussen / Confrontationen / oder Entgegenstellungen / die Vberweisungen vnd Bekanntnussen / darauff die / so verurtheylt worden / biß inn tod bestanden: Welche mehrtheyls gantz alber[202] vnverständig leut oder alte Weiber warn / die nie keynen Plutarchum / noch Herodotum / noch Philostratum[203] /

---

200 Bodin, *Vom Ausgelaßnen wütigen Teuffelsheer*, S. 742.
201 Ebd. S. 25f. findet sich eine bemerkenswerte Aufzählung.
202 Bei Fischart im Sinne von „dumm", „ungelehrt".
203 Flavius Philostratus (ca. 165 – ca. 245 n. Chr.) – griechischer Sophist.

noch anderer Völcker Gesatz[204] gesehen noch gelesen / noch mit den Hexen auß Franckreich vnn Italien jemals sprach gehalten vnn sich verglichen: wie sie so artlich inn allen sachen vnn Puncten vbereyn stimmen.[205]

Für die Tatsache, dass überall in Europa über Jahrhunderte hin das Gleiche berichtet wird, hat Bodin nur eine Erklärung: Es muss wahr sein, zumal, wie er anfügt, der hl. Augustinus der gleichen Meinung ist: Die Hexen, schreibt er,

haben S. Augustin im fünffzehenden Buch von der Statt Gottes nie gesehen / welcher geschriben hat / das man keyns wegs daran zweyffeln soll / vnn das eyn vnverschamter Tropff seyn müßt / der verneynen wolt / das die bösen geyster nicht solten im prauch haben / mit den Weibern Fleyschlicher vermischung zu pflegen.[206]

Das hat Augustinus tatsächlich geschrieben und auch die Formulierung „ein vnverschamter Tropff" findet sich in *De civitate Dei*, wenn auch etwas schwächer. Das „*ut hoc negare inpudentiae uideatur*" des Augustinus ist freilich eher als eine Bescheidenheitsfloskel zu verstehen: Es scheint ihm anmaßend zu sein, einer angeblich gut bezeugten volkstümlichen Überlieferung zu widersprechen, aber, so fährt Augustinus fort, „*non hinc aliquid audeo definire*" – er wage nicht, sich diesbezüglich festzulegen. Ganz im Gegenteil zu Bodin, der diesen Teil des Satzes unterschlägt.

Wenn man, so könnte man zusammenfassen, seinen Blick so verengt, dass man nur Zeugnisse anerkennt, die die eigene Hy-

---

204 Gemeint sind religiöse Schriften.
205 Bodin, *Vom Ausgelaßnen wütigen Teuffelsheer*, S. 26 und ganz ähnlich nochmals S. 35.
206 Ebd. S. 26 – gemeint ist Augustinus, *De civitate Dei*, Bd. 15, Kap. 23.

pothese bestätigen, dann steht das Ergebnis der Untersuchung von vorneherein fest.

Dass es von der Physik her gesehen unmöglich ist, dass ein Mensch über weite Strecken durch die Luft fliegt, ist Bodin völlig klar. Das eine, schreibt er, wobei er sich auf Aristoteles beruft, ist halt die Physik, das andere ist Metaphysik und es verstehe sich,

> das man nicht die Natürlichen vrsachen zum vrtheyl von den Hexen / vnd jhren händeln mit den Geystern vnd Teuffeln / soll mit anwenden.[207]

Damit ist der gesamte naturwissenschaftliche Ansatz aus dem Spiel.

Bodin leugnet nicht, dass die bloße Existenz von Geistwesen wie Dämonen der physikalischen Vernunft widerspricht. Es interessiert ihn nicht: Wenn die Metaphysik sagt, dass Geister und Dämonen existieren, und wenn sie die Macht haben, *contra naturam* zu agieren, dann zwingt die Logik, zwingt der Gebrauch der Vernunft dazu, die Realität des Hexenfluges im Besonderen und des Hexenwesens im Allgemeinen anzunehmen.

Bodins Staatstheorie und seine Ansichten über das Hexenwesen passen durchaus zusammen. Denn so, wie der absolute Monarch aus eigener Machtvollkommenheit heraus die Geschicke seiner Untertanen lenkt, so lenkt Gott seine Schöpfung. Dem Allmächtigen soll es nicht möglich sein, wann immer und warum immer er es will, Geister mit der Fähigkeit auszustatten, einen Hexensabbat zu organisieren? Lächerlich.

---

207 Bodin, *Vom Ausgelaßnen wütigen Teuffelsheer*, S. 42.

10.

Ein Inquisitor als Aufklärer:
Alonso de Salazar y Frías

Nur 30 Jahre nach Bodin ist es ausgerechnet ein hochstehender Inquisitor, der zeigt, wie man der Hexenverfolgung ein Ende setzen kann, ohne die überlieferte Lehre von Teufeln und Dämonen anzutasten.

Der nordspanische Kirchenrechtler Alonso de Salazar Frías (ca. 1564 – 1636) war zu seiner Zeit eine Art Starjurist, der innerhalb kurzer Zeit eine Blitzkarriere innerhalb der katholischen Hierarchie hingelegt hat.[208] Als er 1610 mit Hexenprozessen in Nordspanien konfrontiert worden ist, muss ihm klar geworden sein, dass da etwas nicht stimmen konnte. Er vergräbt sich allerdings nicht in Büchern, sondern stellt praktische Untersuchungen an. Mehr Kriminalkommissar als Theologe, durchforstet er große Mengen von Prozessakten und führt Gespräche mit Angeklagten. Der Punkt, auf den es ihm ankommt, ist die Frage, ob und wie man die Schuld der Hexen

---

208 Maßgeblich zu Alonso de Salazar Frías ist Gustav Henningsen, *The Witches' Advocate: Basque Witchcraft and the Spanish Inquisition (1609 – 1619)*, Nevada: University Press 1980 und zusammengefasst vom gleichen Autor Art. *Salazar Frías, Alonso de (1564 – 1636)*, in: Richard Golden (Hg.), *Encyclopedia of Witchcraft – the Western Tradition*, Bd. III, Santa Barbara: ABC-Clio 2006, S. 994 – 996; ferner Lu Ann Honza, *An expert layer and reluctant demonologist. Alonso de Salazar Frías, Spanish Inquisitor*, in: Jan Machielsen (Hg.), *The Science of Demons. Early Modern Authors Facing Witchcraft an the Devil*, London: Routledge 2020.

beweisen kann.

Ähnlich wie Weyer geht er die Sache auch medizinisch an. So lässt er verschiedene Proben von Hexensalben pharmazeutisch untersuchen. Mit dem Ergebnis, dass eine Wirksamkeit ausgeschlossen werden konnte.[209]

Interessant, wie er nachgewiesen hat, dass eine Frau den Teufelsbund erfunden hatte. Die Frau hatte als Beweis für den Bund, den sie mit dem Teufel geschlossen hatte, ihren linken Fuß vorgezeigt: Der Teufel habe ihr als Zeichen des Bundes drei Zehen entfernt. Alonso de Salazar Frías besucht wie ein guter Kriminalkommissar das Dorf, aus dem sie stammt, und befragt Verwandte und Nachbarn, die übereinstimmend bestätigten, die fraglichen Zehen hätten der Frau schon seit früher Kindheit gefehlt.[210]

Ein zweiter Fall mag sein Vorgehen verdeutlichen. Er befragte in insgesamt neun Dörfern jeweils vier Personen, die bei einem Prozess gestanden hatten, an einem Hexensabbat teilgenommen zu haben.

Dann ließ er sich von ihnen den Ort zeigen, an dem die Hexen sich versammelt haben wollten, und fragte sie getrennt nach Einzelheiten: Wo hat der Thron des Teufels gestanden? Wo der Hexenkessel? Wo haben sie gegessen, wo getanzt? Die Zeugen, wie man sich denken kann, widersprachen sich in fast allen Fällen. Und in dem Fall, wo die Aussagen übereinstimmten, konnte Alonso de Salazar Frías zeigen, dass die betreffenden Frauen sich abgesprochen hatten.

---

209 Vgl. Gustav Henningsen, *The Witches' Advocate*, S. 295 – 298.

210 Dies und das Folgende nach Gustav Henningsen, *The Salazar Documents: Alonso de Salazar Frías and Others on the Basque Witch Persecution*, Leiden u. Boston: Brill 2004, S. 300.

Am Ende seiner Untersuchungen bezeichnet er die Berichte über das Treiben von Hexen als ein Produkt der „Gerüchteküche":

> Die einzige Grundlage für diese Gerüchteküche scheint die Bestrafung von Hexen (...) und die Tatsache zu sein, dass ein Inquisitor sich aufgemacht hat, so viele Orte zu besuchen. All das scheint der Grund dafür zu sein, dass alles sofort als Hexerei angesehen wird. Diese wächst mit jeder neuen Geschichte weiter an, und heute gibt es in der Tat keinen Ohnmachtsanfall, keine Krankheit, keinen Tod oder Unfall, der nicht auf Hexen zurückgeführt wird.[211]

Und die Macht des Teufels? Salazar formulierte in der anschließenden Debatte mit seinen Kollegen eine Reihe von Grundregeln für die Bewertung von Zeugenaussagen in Hexerei- und Kriminalfällen insgesamt:

> Es ist nicht sonderlich hilfreich, immer wieder zu behaupten, dass der Teufel dies oder jenes tun kann. Die eigentliche Frage ist: Sollen wir nur deswegen, weil die Hexen es behaupten, glauben, dass in einer bestimmten Situation tatsächlich Hexerei stattgefunden hat? Es ist klar, dass den Hexen nicht zu glauben ist und dass die Richter niemanden verurteilen sollten, es sei denn, der Fall kann durch externe und objektive Beweise bewiesen werden, Beweise, die ausreichen, um jeden zu überzeugen, der es hört.[212]

Es wäre sehr verwunderlich, wenn in den Schriften eines katholischen Kirchenrechtlers und Inquisitors Teufel und Dämonen gar keine Rolle spielen würden. Anders aber als

---

211 Zitiert nach Gustav Henningsen, *The Salazar Documents*, S. 336 – übersetzt vom Verfasser.
212 Zitiert nach Gustav Henningsen, *The Witches' Advocate*, S. 350 – übersetzt vom Verfasser.

etwa Johannes Weyer kommt Alonso de Salazar Frías in seiner Beweisführung ohne den Teufel aus. Er schiebt nicht wie Weyer die Schuld auf den Teufel, sondern zeigt, dass die Aussagen der Angeklagten nicht glaubwürdig sind. Und wenn die Aussagen vom kriminologischen Standpunkt für eine saubere Beweisführung nicht taugen, was interessiert es dann, ob der Teufel prinzipiell dazu fähig ist, Menschen durch die Luft zu tragen oder nicht?

Alonso de Salazar Frías geht damit ähnlich vor wie etwa zwei Jahrzehnte später Friedrich Spee (1591 – 1635) in Deutschland. Auch der Jesuit Friedrich Spee hält sich in seiner bekannten kritischen *Cautio criminalis* (Rechtliche Bedenken) nicht lange mit der Frage auf, ob Hexen und Unholde sich beim Hexensabbat treffen können oder nicht. Dass er zweifelt, macht er klar, fährt dann aber fort:

> Nichts destoweniger / demnach ich meine hierbey sich ereugende / zweiffelhaffte vnnd verwirrete gedancken / kürtzlich zusammen fasse vnd erwege / so halte ichs gäntzlich darvor / daß in der Welt warhafftig etliche Zauberer vnd Unholden seyen / vnd daß dasselbig von niemanden ohne Leichtfertigkeit / vnd groben Unverstand geleugnet werden könne.[213]

Anschließend verweist er ausgerechnet auf Bodin. Möglich, dass er sich aus Vorsicht zu dieser Einleitung gezwungen sah. Entscheidend aber ist, dass auch Friedrich Spee den Hebel am Hexenprozess ansetzt, dass er, wie schon der Titel seines Werkes sagt, juristische Einwände hat, dass er die Art der Beweisführung und die Anwendung der Folter kritisiert. Die *Cautio*

---

213 Friedrich Spee, *Cautio criminalis* (deutsche Ausgabe), 1. Frage, Frankfurt a. Main: A. Hummen 1649, S. 1 – Digitalisat bei der Universitätsbibliothek Düsseldorf.

criminalis – auf die hier nicht weiter eingegangen werden soll – hat in Deutschland ein großes Echo ausgelöst und hat, obwohl anonym erschienen, den Autor in Schwierigkeiten gebracht, ist aber öfters nachgedruckt worden.

Die Berichte von Alonso de Salazar Frías hingegen haben bis zur Mitte des vorigen Jahrhunderts unbeachtet in einem kirchlichen Archiv gelegen.[214] Dass ausgerechnet ein nur intern bekanntes Memorandum eines Inquisitors dazu geführt hat, dass in Spanien die Inquisition die Hexenprozesse dauerhaft fast vollständig eingestellt hat, mutet wie eine Ironie der Geschichte an. Nicht die um die Wahrheit ringenden Gelehrten und auch nicht die Frühaufklärer haben den Hexenprozessen einen entscheidenden Stoß gegeben, sondern ein als Inquisitor tätiger Kirchenrechtler und frommer Jesuit, den das Schicksal der Angeklagten und Verurteilten angerührt hatte und der für einen christlichen Umgang auch mit denen, die vielleicht den Verführungen des Teufels erlegen waren, plädierte.

---

214 Nach Gustav Henningsen, Art. *Salazar Frías, Alonso de*, S. 996.

11.

Hexen gibt es nicht – aber Strafe muss sein: Thomas Hobbes

Dass nicht die Aufklärer diejenigen gewesen sind, die den Hexenprozessen ein Ende gesetzt haben, lässt sich abschließend am Beispiel von Thomas Hobbes zeigen. Dass Hexen bestraft werden sollen, darin stimmt der Mathematiker, Staatstheoretiker und Philosoph Thomas Hobbes (1588 – 1679), der Begründer des „aufgeklärten Absolutismus"[215], mit dem zwei Generationen jüngeren Bodin überein.

Die Übereinstimmung zwischen den beiden gebildeten Juristen ist freilich nur oberflächlich. Zwar fordert Hobbes tatsächlich in seinem 1651 zum ersten Mal gedruckten „Leviathan", Hexen zu bestrafen (Leviathan 2, Kap. 17), doch seine Begründung ist meilenweit von dem entfernt, was man bei Bodin lesen kann.

Das Hauptübel sieht Hobbes darin, dass Fantasien und Träume nicht als solche erkannt würden:

> From this ignorance of how to distinguish Dreams, and other strong Fancies from Vision and Sense, did arise the greatest part of the Religion of the Gentiles in time past, that worshipped Satyres, Fawnes, Nymphs, and the like; and now adayes the opinion that rude people have of Fayries, Ghosts, and Goblins; and of the power of Witches.[216]

---

215 Dazu und zum Folgenden grundlegend: Wolfgang Palaver, *Politik und Religion bei Thomas Hobbes*, Innsbruck: Tyrolia 1991, bes. S. 101 – 106.
216 Zitiert nach der Ausgabe London: Clarendon 1909, die den Text der

In dem materialistisch-mechanistischen Weltbild des Thomas Hobbes ist nämlich kein Platz für Satyrn, Faune, Nymphen, Feen, Geister und Kobolde, also auch nicht für Hexen, wobei auffällt, dass er mit dem typischen Überlegenheitsgefühl der Aufklärer den Hexenglauben nur den „rude people", also groben, unzivilisierten Menschen zuschreibt, obwohl doch, wie wir gesehen haben, die gelehrtesten Vertreter der juristischen und theologischen Zunft an Hexen geglaubt haben.

Hobbes glaubt nicht nur nicht, dass Hexen fliegen können, sondern spricht ihnen jegliche übernatürliche Macht ab:

> For as for Witches, I think not that their witchcraft is any reall power; but yet that they are justly punished, for the false beliefe they have, that they can do such mischiefe, joyned with their purpose to do it if they can: their trade being neerer to a new Religion, than to a Craft or Science.[217]

Das ist unmissverständlich: Hexen würden zu Recht bestraft, aber nicht, weil sie tatsächlich Unheil bewirken können, strafwürdig sei allein die Absicht, eine Tat zu begehen, also der Vorsatz, auch wenn das Mittel der Wahl, nämlich die Zauberei, zur Erreichung des Zwecks untauglich ist.

Eine Rechtsauffassung, die keineswegs falsch ist, bedenkt man, dass auch das heutige Strafgesetzbuch in §22f. den Versuch eines Verbrechens oder Vergehens als strafbar wertet. Im Falle der Hexerei würde heutzutage freilich die Verteidigung auf „groben Unverstand" plädieren, denn in diesem Fall kann der Richter nach § 23 Absatz 3 StGB von einer Bestrafung wegen eines versuchten Verbrechens absehen.

---

englischen Erstausgabe von 1651 wiedergibt; dort S. 17.
217 Ebd. S. 17.

Mit der Bemerkung "their trade being neerer to a new Religion, than to a Craft or Science" schiebt er allen Versuchen, Zauberei zu einer Art Handwerk oder gar zu einer Wissenschaft zu erklären, wie das etwa Agrippa vorgeschwebt hatte, einen Riegel vor.

Schwierig aber seine Aussage, das Hexenwesen komme einer neuen Religion nahe. Religionswissenschaftlich hat er damit natürlich recht. Andererseits aber begibt er sich, wenn er die Hexerei zu einer neuen Religion erklärt, in eine gefährliche Nähe zu den Hexenverfolgern, die gefordert haben, Hexen wegen Ketzerei zu bestrafen.

Versuche, Naturwissenschaft und Magie zu vermischen, lehnt Bodin grundsätzlich ab. Wer wie er den Menschen für eine Art Maschine hält und das Universum für eine gigantische Uhr, für den ist weder die Natur noch der Mensch in irgendeiner Form „beseelt", für den gibt es keine übernatürlichen Eingriffe in den Lauf der Dinge, also auch keine Hexerei. Ganz so radikal mechanistisch äußert sich Bodin an dieser Stelle allerdings nicht: „Neverthelesse, there is no doubt, but God can make unnaturall Apparitions", schreibt er, um dann hinzuzufügen:

> But that he does it so often, as men need to feare such things, more than they feare the stay, or change, of the course of Nature, which he also can stay, and change, is no point of Christian faith.[218]

Eine gewagte Aussage, die sich auch schon bei anderen frühen Kritikern des Hexenwesens finden lässt. Doch wieso sollte Gott nur ganz selten in den Lauf der Natur eingreifen, sozusagen nur bei entscheidenden Dingen? Ist es nicht überheblich,

---

218 Ebd. S. 17.

wenn der Mensch entscheiden will, wann Gott eingreift und wann nicht?

An der Stelle klingt bei Hobbes schon der Deismus der Aufklärung an, noch in der gemäßigten Variante, wie sie etwa Isaac Newton vertreten hat, der die Naturkräfte durch das Eingreifen Gottes erklärt hat, worauf Leibniz entgegnete, wenn Gott immer wieder eingreifen müsse, dann sei er ein schlechter Uhrmacher, der es nicht geschafft habe, ein für allemal eine fehlerfreie Uhr zu konstruieren.

Hobbes hat für sich den Konflikt gelöst, an dem etwa Johannes Weyer gescheitert ist, der sich gefühlsmäßig und auch aus eigener Beobachtung sicher war, dass die Hexen keine übernatürlichen Kräfte besitzen, der aber das Ganze nicht vollständig als Aberglaube abtun konnte, weil er gleichzeitig ein frommer Christ sein wollte, der die biblische Überlieferung und die christlichen Autoritäten respektiert.

Dass Hobbes die gesamte überlieferte Hexenlehre über Bord werfen konnte, dazu ist die von ihm vorgenommene Entmythologisierung und Historisierung der biblischen Texte eine unabdingbare Voraussetzung. Nur weil er die Bibel nicht mehr als grundsätzlich *literaliter* zu verstehendes Wort Gottes begreift und einen guten Teil der kanonischen Schriften völlig ablehnt, kann er alle biblischen Beweise für die Existenz von Dämonen und Geistern vom Tisch wischen.

Die gesamte Dämonenlehre erklärt er zu einem von bösen Leuten erfundenen Betrug, eine Machenschaft, auf die ein vernünftiger Mensch nicht länger hereinfallen sollte:

> But evill men under pretext that God can do any thing, are so bold as to say any thing when it serves their turn, though they

think it untrue; It is the part of a wise man, to believe them no further (...).[219]

Hobbes vertritt damit schon eine ähnliche Meinung wie der britischen Aufklärer und Deist Lord Henry Bolingbroke (1678 – 1751), der der Meinung war, die ganze von den Kirchen gelehrte Religion sei nichts als Menschenwerk, das von gut bezahlten Pastoren dem abergläubischen Volk aufgeschwätzt werde.

In der Mitte des 17. Jahrhunderts aber, als Hobbes seinen „Leviathan" geschrieben hat, waren solche Gedanken nur die Meinung einer kleinen Minderheit.[220]

---

219 Ebd. S. 17.
220 Nach Behringer, *Hexen*, S. 83.

12.

Ausblick: Weise Frauen, scharfe Orgien und „rassereine" Germaninnen

Überblickt man die aufgeführten mehr oder weniger zaghaften Ansätze einer Kritik am Hexenwesen, so stellt sich die Frage, ob die Autoren, die sich dem Mainstream ihrer Zeit entgegengestellt haben, damit etwas bewirken konnten.

Das ist im Einzelnen natürlich schwer zu sagen. Natürlich können die Thesen der Kritiker sich in diesem oder jenem Fall positiv für die Angeklagten ausgewirkt haben. Ein genereller Einfluss lässt sich aber zumindest für die frühen Autoren schon deswegen ausschließen, weil die großen Wellen der Verfolgung erst später stattgefunden haben. Matteo Duni urteilt, dass die Kritiker, obwohl sie offenkundig nicht isoliert waren und obwohl ihre Schriften gedruckt und gelesen worden sind, die Meinung der Mehrheit auch unter den Richtern nicht haben beeinflussen können. Die Vorstellung, Hexen seien eine schreckliche Bedrohung für Kirche und Gesellschaft, sei einfach zu stark gewesen.[221] Und, so könnte man hinzufügen, der Gedanke, man könne dem Allgemeinwohl dienen, indem man die „Schädlinge ausmerzt", war einfach zu verführerisch, vor allem in einer Situation, wo die Gesellschaft sich sowieso durch Verschlechterung des Klimas, Kriege und Seuchen in einer schwierigen Lage befand.

Ungelöst bleibt auch eine weitere Frage, die geradezu ein

---

221 Matteo Duni, *Doubting Witchcraft*, S. 229.

Tabu der Hexenforschung zu sein scheint. Waren, könnte man provokativ fragen, die Angeklagten wirklich alle unschuldig? Wenn in der fraglichen Zeit Zauberei und Versuche, auf magischem Wege die Natur zu beeinflussen, alltäglich waren, muss man dann nicht annehmen, dass ein gewisser Teil der angeklagten Frauen und Männer tatsächlich versucht hat, mit allen möglichen Mitteln zu zaubern? Selbst wenn man konzediert, dass es offenkundiger Unsinn ist, mit Hilfe von Formeln oder Beschwörungen – ob mit oder ohne Beistand von Dämonen – etwas bewegen zu können, so dürfte der Versuch von Schadenszauber häufig vorgekommen sein. Aber nicht nur der Versuch: Mögen die Hexensalben auch alle unwirksam sein, so wäre es sehr seltsam, wenn es nicht einigen gelungen wäre, mit Hilfe von irgendeinem giftigen Gebräu tatsächlich Schaden zu stiften.

Das widerspricht freilich einer gängigen Sichtweise. Denn auch heute noch kann man immer wieder hören, bei den Hexen habe es sich in Wirklichkeit um weise, mit der Naturmedizin vertraute Frauen gehandelt, die, da in ihnen ein Rest heidnischer – man sagt meisten: naturverbundener – Weisheit gesteckt hätte, von den christlichen Kirchen, verfolgt worden seien, sei es, weil das Christentum angeblich naturfeindlich ist, sei es, weil die Kirchen in den Hexen eine religiöse Konkurrenz gesehen hätten.

In den zeitgenössischen Quellen findet sich wenig bis nichts davon. Die Erzählung von den verfolgten weisen Frauen setzt erst in der Romantik ein, genauer bei Jakob Grimm, der in seiner 1835 erschienenen „Deutschen Mythologie" schreibt:

> Die hexen gehören zum gefolge ehmaliger göttinnen, die von ihrem stul gestürzt, aus gütigen, angebeteten Wesen in feindliche, gefürchtete verwandelt, unstät bei nächtlicher weile umirren und

nun heimliche, verbotene Zusammenkünfte mit ihren anhängern unterhalten.[222]

Von da zieht sich eine Spur über den strikt antiklerikal gesinnten französischen Nationalisten Jules Michelet (1798 – 1874) bis hin zu völkischen Feministinnen wie Mathilde Ludendorff und zu Heinrich Himmler.

Bei Michelets „La Sorcière"[223] handelt es sich nicht um eine ernst zu nehmende historische Untersuchung, eher um einen von einer Glorifizierung der antiken Religionen und einem Hass auf das Christentum getriebenen spätromantischen Schauerroman. Auffällig ist die durchgehende Verherrlichung der Rückkehr zur „guten Natur". Michelets Schilderungen des Hexensabbats sind dort angesiedelt, wo sie immer auch schon angesiedelt waren: Im Bereich wollüstiger Männerfantasien. Das wird erst recht deutlich in der von Martin van Maële illustrierten Ausgabe: Frauen, die alle Hemmungen fallen lassen und sich nichts Schärferes vorstellen können, als alle möglichen sexuellen Fantasien der Männer zu befriedigen. Das war schon immer der Stoff, aus dem männliche Pornografie gestrickt ist. Die Mitwirkung des Teufels, an den man selbstver-

---

222 Jakob Grimm, *Deutsche Mythologie*, Göttingen: Dieterich 1835, S. 593; ähnlich S. 270, S. 533 u. ö. Dazu: Sebastian Hackel, *Zwischen „weisen Frauen" und Antisemitismus: Die „romantische" und die „völkische" Rezeption der frühneuzeitlichen Hexenverfolgung*, in: *Hexenprozesse in Kurmainz* (https://www.hexenprozesse-kurmainz.de/rezeption/historiographie/19-jahrhundert/aufsatz-rezeption-der-hexenverfolgung-1920jh.html – abgerufen am 21. 01. 2021).

223 Jules Michelet, *La Sorcière*, Paris: E. Dentu 1862 (https://archive.org/details/lasorcire00mich/page/n9/mode/2up;) - Deutsche Erstausgabe: Jules Michelet, *Die Hexe. In das Deutsche übertragen von R. Klose*, Leipzig: Schaefer 1863 – Digitalisat bei der bayr. Staatsbibliothek.

ständlich nicht glaubt, der aber als geiler Bock imaginiert wird, gibt der Orgie dann den besonderen Kick.[224]

Michelets Frauenbild dürfte Feministinnen nicht gefallen. Und doch wird von feministischer Seite der Kern von Grimms und Michelets Hexendeutung wieder aufgenommen: Die Hexe als weise, mit der Natur verbundene Frau, die von der naturfeindlichen christlichen Männerwelt verfolgt und ermordet worden ist.

Was bei dieser Erzählung gerne ausgeblendet wird, ist, dass sie nicht nur im neuheidnischen Zirkeln, sondern auch in völkischen und nationalsozialistischen Kreisen[225] vertreten worden ist. Mathilde Ludendorff (1877 – 1966) etwa, Gattin von Erich Ludendorff und Hauptvertreterin des „Völkischen Feminismus", eine einflussreiche Publizistin (die von ihr gegründete Bewegung hat noch heute Anhänger) sah im Hexenwahn den Kampf der katholischen Kirche gegen die germanische Religion und eine Art Völkermord an der „rassereinen germanischen Frau".[226]

---

224 Die Ausgabe Julus Michelet, *La Sorcière*, Paris: Chevrel 1911 ist von Martin van Maële illustriert. Die Illustrationen findet man online unter https://www.angelfire.com/az3/synagogasatanae/lasorciere.html - abgerufen am 18. 01. 2022

225 In diesen Zusammenhang gehört die sog. Hexenkartothek, die von Heinrich Himmler in Auftrag gegeben worden ist; vgl. Sönke Lorenz, Dieter R. Bauer, Wolfgang Behringer, Jürgen Michael Schmidt (Hg.), *Himmlers Hexenkartothek. Das Interesse des Nationalsozialismus an der Hexenverfolgung* (= Hexenforschung 4) Bielefeld: Verlag für Regionalgeschichte, 2. Aufl. 2000

226 Felix Wiedemann, *Rassenmutter und Rebellin. Hexenbilder in Romantik, völkischer Bewegung, Neuheidentum und Feminismus*, Würzburg: Königshausen u. Neumann 2007 und Felix Wiedemann, *Germanische Weise ist Frau, Priesterin, Schamanin. Das Bild der Hexe im Neuheidentum*, Darmstadt 2009, S.

Da ist das Pendel offenbar zur anderen Seite ausgeschlagen: Aus den verdammungswürdigen Hexen, die wie ein Krebsgeschwür aus dem Volkskörper entfernt werden müssen, sind vorbildhafte Heldinnen im Kampf für das Heidentum und gegen das „artfremde" Christentum geworden.

---

266 - 279, bes. S. 269f.

13.

Literaturverzeichnis

1. Quellen

Alexander von Aphrodisias, *Quaestiones*, Venedig: B. Zanetti 1536

Alexandre Aphrodise, *Les Problemes*, ins Frz. übersetzt von M. Heret, Paris:G. Guillard 1555

Alphonso de Spina, *Fortalitium fidei contra iudeos saracenos aliosque christiane fidei inimicos*, Nürnberg: Anton Koberger 1494

Agrippa von Nettesheim: *De occulta philosophia*, Lyon: Beringen 1550

Agrippa von Nettesheim, *De incertitudine et vanitate scientiarum liber*, Frankfurt 1693

Albertini, Arnaldus: *De agnoscendis assertionibus catholicis et haeretici*, Palermo:J. M. de Mayda 1554

Alciato, Andrea: *Parerga*, Basel u. Lyon 1538 – 1554

Antonio de Ferraris: *De situ Japigiae*, Basel: Perna 1558

Augustinus, Aurelius: *De civitate Dei. Zweiundzwanzig Bücher über den Gottesstaat.* Aus dem Lateinischen übers. von Alfred Schröder, Bibliothek der Kirchenväter, Kempten u. München 1911

Augustinus, Aurelius : *Confessiones. Bekenntnisse.* Aus dem Lateinischen übersetzt von Dr. Alfred Hofmann, Bibliothek der Kirchenväter, München 1914

Bodin, Jean: *Vom Ausgelaßnen wütigen Teuffelsheer der Besessenen unsinnigen Hexen und Hexenmeyster*, übersetzt von J. Fischart, Straßburg: B. Jobin 1581

Bouelles, Charles de: *Steganographia (...)*, Frankfurt: Matthias Becker 1606

Cardanus, Hieronymus: *De subtilitate libri 21*, Nürnberg: Joh. Petreius 1550

Della Porta, Giovan Battista: *Magiae naturalis sive de miraculis rerum naturalium libri IV*, Neapel: Matthias Cancer 1558

Dodo, Vincenz: *Apologia contra li defensori delle strie, et principaliter contra Quaestiones lamiarum fratris Samuelis de Cassinis*, Rouen: M. Angier o. J. (ca. 1510)

Glossa ordinaria, Epistola ad Colossenses, Migne PL 113, Sp. 609 – 616

Grillando, Paolo: *Tractatus de hereticis et sortilegiis omnifariam coitu eorumque penis*, Lyon: J. Giunta 1535

Guaineri, Antonio: *Opera*, hg. Von Franciscus de Bobbio, Pavia: Antonius Carcanus 1488

Hexenhammer (s. u. Sprenger, Jacob)

Hobbes, Thomas: *Leviathan*, London: Clarendon 1909

Kepler, Johannes: *Somnium sive astronomia lunaris*, Sagan und Frankfurt 1634

Molitor, Ulrich: *De lamiis et phitonicis mulieribus*, Augsburg: J. Otmar 1508

Paracelsus, *De daemoniacis et obsessis*, hg. von Karl Sudhoff, in: *Theophrast von Hohenheim gen. Paracelsus*, Sämtliche Werke, Abt. 1, Bd. 14: *Das Volumen primum der Philosophia magna*, München: Oldenbourg 1933, S. 29 – 42

Paracelsus, *De sagis et eorum operibus*, hg. von Karl Sudhoff, in: *Theophrast von Hohenheim gen. Paracelsus*, Sämtliche Werke, Abt. 1, Bd. 14: *Das Volumen primum der Philosophia magna*, München: Oldenbourg 1933

Plinius Secundus d. Ä.: *Naturkunde*, Bd. 29/20: *Medizin und Pharmakologie: Heilmittel aus dem Tierreich*, hg. von Roderich König und Joachim Hopp, München und Zürich: Artemis 1991

Plinius Secundus d. Ä.: *Naturkunde*, Bd. 7: *Anthropologie*, hg. von Roderich König und Gerhard Winkler, München: Heimeran 1975

Ponginibbi, Giovanni Francesco: *Tractatus de lamiis*, Pavia: J. Pocatela da Burgofranco 1511

Pomponazzi, Pietro: *De naturalium effectuum admirandorum causis sive de incantationibus liber*, Basel: Sebastian Henricpetri 1556

Regino von Prüm: *Das Sendhandbuch des Regino von Prüm*, hg. von Wilfried Hartmann (= Ausgewählte Quellen zur deutschen Geschichte des Mittelalters Bd. 42), Darmstadt: Wissenschaftliche Buchgesellschaft 2004

Quintus Serenus: *Liber medicinalis*, Ms. British Library MS 12 E XXIII (Digitalisat: http://www.bl.uk/manuscripts/FullDisplay.aspx?ref=Royal_MS_12_E_XXIII)

Spee, Friedrich: *Cautio criminalis* (deutsche Ausgabe), Frankfurt a. Main: A. Hummen 1649

Spina, Bartholomäus de: *Quaestio de strigibus*, Rom 1576

Sprenger, Jacob u. Institoris, Heinrich: *Der Hexenhammer. Zum ersten Mal ins Deutsche übertragen und eingeleitet von Johann Wilhelm Richard Schmidt*, Berlin: H. Barsdorf 1906

Thomas von Aquin : *Summa theologica* II/2, Mailand: Cinisello

Balsamo, Ed. Paulinae, 2. Aufl. 1988

Trithemius, Johannes: *Antipalus maleficiorum*, Mainz 1605

Vignate, Ambrosius de: *Tractatus de Haeresi*, Rom: G. Ferrarius 1581

Weyer, Johannes: *De praestigiis Daemonum, Von Teufelsgespenst, Zauberern und Gifftbereytern, Schwarzkünstlern, Hexen und Unholden, darzu irer Straff, auch von den Bezauberten und wie ihnen zuhelffen sey* (…), Frankfurt: N. Basseus 1586

2. Verwendete Sekundärliteratur

Abbondanza, Alberto: Art. *Alciato, Andrea*, in: *Dizionario Biografico degli Italiani* - Volume 2 (1960)

Angelo, Romano di: Art. *De Ferrariis, Antonio*, in: *Dizionario Biografico degli Italiani* - Vol. 33 (1987)

Arnold, Klaus: *Humanismus und Hexenglaube bei Johannes Trithemius (1462 – 1516)*, in: Peter Segl (Hg.), *Der Hexenhammer. Entstehung und Umfeld des Malleus maleficarum von 1487*, Köln und Wien: Böhlau 1988, S. 217 – 240

Balbiani, Laura: Art. *Della Porta, Giovan Battista*, in: *Lexikon zur Geschichte der Hexenverfolgung*, hg. v. Gudrun Gersmann, Katrin Moeller u. Jürgen-Michael Schmidt, in: historicum. net (https://www.historicum.net/purl/45zov/)

Basler, X.: *Thomas von Aquin und die Begründung der Todesstrafe*, in: *DivusThomas* 9 (1931), S. 69 – 90

Behringer, Wolfgang: *Neun Millionen Hexen. Entstehung, Tradition und Kritik eines populären Mythos*, in: *Geschichte in Wissenschaft und Unterricht* 49 (1998), S. 664 – 685

Behringer, Wolfgang: *Hexen. Glaube, Verfolgung, Vermarktung*, München: Beck (4. Auflage) 2005

Bertrand-Pfaff, Dominik: Art. *Bouelles, Charles de (auch Bouvelles, Bovelles, Bouillé, Bouilles oder latinisiert: Carolus Bovillus)*, in : *Biographisch-Bibliographisches Kirchenlexikon (BBKL)* Bd. 2, Nordhausen: Bautz 2003, Sp. 149 – 154

Brincken, Anna-Dorothee von den: *Fines Terrae. Die Enden der Welt und der vierte Kontinent auf mittelalterlichen Weltkarten*, Hannover 1992 (= Schriften der Monumenta Germaniae Historica Bd. 36)

Brodersen, Kai (Hg.): *Quintus Serenus. Medizinischer Rat / Liber medicinalis*, Lateinisch – deutsch, Berlin: De Gruyter 2017

Carrara, Daniela Mugnai: Art. *Guaineri, Antonio*, in: *Dizionario Biografico degli Italiani* - Volume 60 (2003)

Compagni, Vittoria Perrone: Art. *Pomponazzi, Pietro*, in: *Dizionario Biografico degli Italiani* - Volume 84 (2015)

Dinzelbacher, Peter: *Ekstatischer Flug und visionäre Weltschau im Mittelalter*, in: Ders., *Von der Welt durch die Hölle zum Paradies – das mittelalterliche Jenseits*, Leiden: Brill 2008, S. 181 – 206

Dinzelbacher, Peter: *Heilige oder Hexen? Schicksale auffälliger Frauen in Mittelalter und Frühneuzeit*, Düsseldorf: Patmos 2004

Dinzelbacher, Peter: *Mystische Phänomene zwischen theologischer und medizinischer Deutung*, in: Peter Dinzelbacher (Hg.), *Mystik und Natur. Zur Geschichte ihres Verhältnisses vom Altertum bis zur Gegenwart*, Berlin: de Gruyter 2009

Döhler, Mariestheres: *Acta Petri. Text, Übersetzung und Kommentar zu den Actus Vercellenses*, Berlin und Boston: de Gruyter 2018

Dülmen, Richard von: *Hexenwelten. Magie und Imagination vom 16. – 20. Jahrhundert*, Frankfurt: Fischer 1987

Duni, Matteo: Art. *Alciati, Andrea*, in: Richard Golden (Hg.), *Encyclopedia of Witchcraft – the Western Tradition*, Bd. I, Santa Barbara: ABC-Clio 2006, S. 29f.

Duni, Matteo: *Doubting Witchcraft. Theologicans, Jurists, Inquisitors during the Fifteenth and Sixteenth Centuries*, in: *Studies in Church History* 52 (2016) S. 203 – 231

Duni, Matteo: *La Caccia alle Streghe e i dubbi di un giurista: il De lamiis et excellentia utriusque iuris di Giovanfrancesco Ponzinibio (1511)*, in: *La centralità del dubbio. Fonti classiche e sviluppi dello scetticismo nell'età moderna*, Florenz: Olschki 2011

Duni, Matteo: *Lawyers versus inquisitors. Ponzibio's De lamiis and Spina's De Strigibus*, in: Jan Machielsen (Hg.), *The Science of Demons. Early Modern Authors Facing Witchcraft and the Devil*, London: Routledge 2020

Elliott, Dyan: *Proving Woman: Female Spirituality and Inquisitional Culture in the Later Middle Ages*, Princeton: Princeton Univ. Press 2004

Ferreiro, Alberto: *Simon Magus in Patristic, Medieval and Early Modern Traditions*, Leiden: Brill 2005

Flasch, Kurt: *Der Teufel und seine Engel. Die neue Biographie*, München: Beck 2015

Jens u. Gawron, Thomas: Art. *Molitor, Ulrich*, in: *Lexikon zur Geschichte der Hexenverfolgung*, hg. v. Gudrun Gersmann, Katrin Moeller und Jürgen-Michael Schmidt, in: historicum.net (https://www.historicum.net/purl/45zsh/)

Gliozzi, Giuliano: Art. *Cardano, Gerolamo*, in: *Dizionario Biografico degli Italiani* – Volume 19 (1976)

Grimm, Heinrich: Art. *Agrippa von Nettesheim*, in: *Neue Deutsche Biographie 1* (1953), S. 105 – 106

Grimm, Jakob: *Deutsche Mythologie*, Göttingen: Dieterich 1835

Günther, Ludwig: *Keplers Traum vom Mond*, Leipzig: Teubner 1898

Hackel, Sebastian: *Zwischen „weisen Frauen" und Antisemitismus: Die „romantische" und die „völkische" Rezeption der frühneuzeitlichen Hexenverfolgung*, in: *Hexenprozesse in Kurmainz* (https://www.hexenprozesse-kurmainz.de/rezeption/historiographie/19-jahrhundert/aufsatz-rezeption-der-hexenverfolgung-1920jh.html)

Hansen, Joseph: *Quellen und Untersuchungen zur Geschichte des Hexenwahns und der Hexenverfolgung im Mittelalter*, Bonn: C. Georgi 1901

Harmening Dieter: *Die Hexe des Hexenhammers – Literarische Kombinationen*, in: Ders. (Hg.), *Zauberei im Abendland. Vom Anteil der Gelehrten am Wahn der Leute. Skizzen zur Geschichte des Aberglaubens*, Würzburg: Königshausen & Neumann 1991, S. 60 – 69

Henningsen, Gustav: *Salazar Frías, Alonso de (1564 – 1636)*, in: Richard Golden (Hg.), *Encyclopedia of Witchcraft – the Western Tradition*, Bd. III, Santa Barbara: ABC-Clio 2006, S. 994 – 996

Henningsen, Gustav: *The Salazar Documents: Alonso de Salazar Frías and Others on the Basque Witch Persecution*, Leiden u. Boston: Brill 2004

Henningsen, Gustav: *The Witches' Advocate: Basque Witchcraft and the Spanish Inquisition (1609 – 1619)*, Nevada: University Press 1980

Hewera, Karin Barbara: *Frauenleiden, Schwangerschaft und Geburt in der Naturalis Historia von Plinius dem Älteren (23/4 – 79 n. Chr.)*, Diss. TU München 2012

Honza, Lu Ann: *An expert layer and reluctant demonologist. Alonso de Salazar Frías, Spanish Inquisitor*, in: Jan Machielsen (Hg.), *The Science of Demons. Early Modern Authors Facing Witchcraft an the Devil*, London: Routledge 2020

Jansen, Daria Norma: *Melancholie im Mittelalter – Eine antike Tradition als Vorentwurf der Moderne*, Tübingen: Publikationen der Universität Tübingen 2017

Kreuter, Mario Peter: Art. *Paracelsus (Theophrastus Bombast von Hohenheim*, in: *Lexikon zur Geschichte der Hexenverfolgung*, hg. v. Gudrun Gersmann, Katrin Moeller und Jürgen-Michael Schmidt, in: historicum.net (https://www.historicum.net/ purl/45zst/)

Kriegbaum, Bernhard: Art. *Donatismus, Donatisten*, in: Walter Kasper (Hg.): *Lexikon für Theologie und Kirche* Bd. 3, Freiburg: Herder (3. Aufl.) 1995, Sp. 332ff.

Lavenia, Vincenzo: *La Lotta Alle Superstizioni: Obiettivi E Discussioni Dal „Libellus" Al Concilio Di Trento*, in: *Franciscan Studies* 71 (2013), S. 163 – 181

Lavenia, Vincenzo: Art. *Paracelsus, Theophrastus Bombastus von Hohenheim*, in: Richard Golden (Hg.), *Encyclopedia of Witchcraft – the Western Tradition*, Bd. III, Santa Barbara: ABC-Clio 2006, S. 884

Leppin, Volker: Art. *Martin Luther*, in: *Lexikon zur Geschichte der Hexenverfolgung*, hg. v. Gudrun Gersmann, Katrin Moeller und Jürgen-Michael Schmidt, in: historicum.net (https:// www.historicum.net/purl/45zs3/)

Leutenbauer, Siegfried: *Hexerei- und Zauberdelikt in der Literatur von 1450 – 1550*, Berlin: Schweitzer 1972

Levack, Brian P.: Art. *Paris, University of*, in: in: Richard Golden (Hg.), *Encyclopedia of Witchcraft – the Western Tradition*, Bd. III, Santa Barbara: ABC-Clio 2006, S. 884f.

Lichtblau, Judith: *Plinius' Naturgeschichte der Magie. Die Ambivalenz magischer Praktiken in der Naturalis Historia*, Baden-Baden: Tectem 2017

Linsenmann, P. u. Korbinian, T.: Art. *Aquin, Thomas von*, in: *Lexikon zur Geschichte der Hexenverfolgung*, hg. v. Gudrun Gersmann, Katrin Moeller und Jürgen-Michael Schmidt, in: historicum.net (https://www.historicum.net/purl/45zn7/)

Lorenz, Sönke; Bauer, Dieter R.; Behringer, Wolfgang u. Schmidt, Michael Jürgen (Hg.): *Himmlers Hexenkartothek. Das Interesse des Nationalsozialismus an der Hexenverfolgung* (= Hexenforschung 4), Bielefeld: Verlag für Regionalgeschichte, 2. Aufl. 2000

Margolin, Jean Claude : *Lettres et poèmes de Charles de Bovelles*, Paris: Champion 2002

Martin, Craig: Art. *Pietro Pomponazzi*, in: Edward N. Zalta (Hg.), *The Stanford Encyclopedia of Philosophy* (Winter 2017 Edition); (https://plato.stanford.edu/archives/win2017/entries/pomponazzi/)

Michelet, Jules: *La Sorcière*, Paris: E. Dentu 1862

Michelet, Jules: *Die Hexe. In das Deutsche übertragen von R. Klose*, Leipzig: Schaefer 1863

Meiners, Christoph: *Lebensbeschreibungen berühmter Männer aus den Zeiten der Wiederherstellung der Wissenschaften*, Bd. 1,

Zürich: Orell 1795, S. 259 – 262

Möseneder, Karl: *Paracelsus und die Bilder. Über Glauben, Magie und Astrologie im Reformationszeitalter*, Tübingen: Niemeyer 2009

Montonato, Luigi: *L'Eremita, l'uomo del Galateo*, in: *Antonio de Ferrariis Galateo. L'Erasmo di Terra d'Otranto a cinquecento anni dalla morte (1517 – 2017), Atti del convegno di studi* (Lecce, 31 Maggio – 1 Giugno 2017, Università di Salento 2017, S. 117 – 124

Moritz, Arne: Art. *Nikolaus von Kues*, in: *Lexikon zur Geschichte der Hexenverfolgung*, hg. v. Gudrun Gersmann, Katrin Moeller und Jürgen-Michael Schmidt, in: historicum.net (https://www.historicum.net/purl/45zrs/)

Palaver, Wolfgang: *Politik und Religion bei Thomas Hobbes*, Innsbruck: Tyrolia 1991

Pastor, Ludwig von: *Geschichte der Päpste seit dem Ausgang des Mittelalters* Band 3, Freiburg: Herder 1924

Pulz, Waltraud: *Nüchternes Kalkül – verzehrende Leidenschaft. Nahrungsabstinenz im 16. Jahrhundert*, Köln: Böhlau 2007

Ristori, Renzo: Art. *Cassini, Samuele*, in: *Dizionario Biografico degli Italiani* - Volume 21 (1978)

Roling, Bernd: *Drachen und Sirenen. Die Rationalisierung und Abwicklung der Mythologie an den europäischen Universitäten*, Leiden u. Boston: Brill 2010

Rosny, Éric de: *Die Augen meiner Ziege. Auf den Spuren afrikanischer Hexer und Heiler*, Wuppertal: Hammer 1999

Rosso, Paolo di: Art. *Vignati, Ambrogio*, in: *Dizionario Biografico degli Italiani* - Volume 99 (2020)

Schulte, Rolf: *Hexenmeister. Die Verfolgung von Männern im*

Rahmen der Hexenverfolgung von 1530 – 1730 im Alten Reich (= Kieler Werkstücke. Reihe G: Beiträge zur Frühen Neuzeit; Bd. 1), 2. erg. Auflage, Frankfurt a. M. (u. a.): Peter Lang 2001

Soldan, Wilhelm Gottfried: *Geschichte der Hexenprozesse*, Stuttgart u. Tübingen: Cotta 1848

Springer, Klaus-Bernward: Art. *Spina, Bartolomeo de*, in: *Lexikon zur Geschichte der Hexenverfolgung*, hg. v. Gudrun Gersmann, Katrin Moeller und Jürgen-Michael Schmidt, in: historicum.net (https://www.historicum.net/purl/45zu3/)

Torres, Càtedra Màrius: Art. *Albertí, Arnau*, in: *Directori Literari de Ponent. Autors Segles XVI – XVIII*, Universitat de Lleida – http://www.catedramariustorres.udl.cat/espaimt/directori/item.php?acr_item=albe&opcio=vida&tipus=a

Tschacher, Werner: *Der Flug durch die Luft zwischen Illusionstheorie und Realitätsbeweis. Studien zum sog. Kanon Episcopi und zum Hexenflug*, in: *Zeitschrift der Savigny-Stiftung für Rechtsgeschichte* Bd. 116 = Kanonistische Abteilung Bd. 85 (1999) S. 225 – 276

Tschacher, Werner: Art. *Kramer, Heinrich (Henricus Institoris)*, in: *Lexikon zur Geschichte der Hexenverfolgung*, hg. v. Gudrun Gersmann, Katrin Moeller und Jürgen-Michael Schmidt, in: historicum.net (https://www.historicum.net/purl/45zrr/)

Tuczay, Christa Agnes: *Ekstase, Mystik, Drogen*, in: Peter Dinzelbacher (Hg.), *Mystik und Natur. Zur Geschichte ihres Verhältnisses vom Altertum bis zur Gegenwart*, Berlin, New York: de Gruyter 2009, S. 175ff.

Ventura, Iolanda: Art. *Pietro d'Abano*, in: *Dizionario Biografico degli Italiani* - Volume 83 (2015)

Vogel, Karl Anselm: *Sphaera terrae – das mittelalterliche Bild der Erde und die kosmographische Revolution*, Diss. Göttingen 1995

Walz, Eberhard: *Die „Hexe von Leonberg". Katharina Kepler und ihr Prozeß*, in: Stadt Leonberg/Stadtarchiv (Hg.), *Nonne, Magd oder Ratsfrau. Frauenleben in Leonberg aus vier Jahrhunderten* (Beiträge zur Stadtgeschichte Nr. 6), 1998, S. 75 – 84

Wiedemann, Felix: *Rassenmutter und Rebellin. Hexenbilder in Romantik, völkischer Bewegung, Neuheidentum und Feminismus*, Würzburg: Königshausen u. Neumann 2007

Wiedemann, Felix: *Germanische Weise ist Frau, Priesterin, Schamanin. Das Bild der Hexe im Neuheidentum*, in: Uwe Puschner, G. Ulrich Großmann (Hg.): *Völkisch und national. Zur Aktualität alter Denkmuster im 21. Jahrhundert*, Darmstadt: Wissenschaftliche Buchgesellschaft 2009, S. 266 – 279

Wright, Jessica: *Between Despondency and the Demon: Diagnosing and Treating Spiritual Disorders in John Chrysostom's Letter to Stageirios*, in: *Journal of Late Antiquity* 8 (2015), S. 352 – 367

Zaccaria, Raffaella: Art. *Della Porta, Giovambattista*, in: *Dizionario Biografico degli Italiani* - Volume 37 (1989)